I0830361

prometeo
l i b r o s

EN LA PENUMBRA DEL SUJETO

Aportaciones para una metapsicología freudiana

Alejandro Cerda Rueda

EN LA PENUMBRA DEL SUJETO

Aportaciones para una metapsicología freudiana

prometeo
libros

Cerda Rueda, Alejandro

En la penumbra del sujeto: aportaciones para una metapsicología freudiana / Alejandro Cerda Rueda. - 1a ed. - Ciudad Autónoma de Buenos Aires: Prometeo Libros, 2020.

198 p.; 23 x 16 cm.

1. Psicoanálisis. 2. Clínica Psicoanalítica. I. Título.
CDD 150.1952

Corrección de galeras: Elda Morales
Armado: Erica Anabela Medina
Foto del autor y de portada: Andrea Tejeda K.

In memoriam.

Gina Fontanot Yarza

Now we are one in everlasting peace.
We hope that you choke, that you choke...

—Radiohead, *Exit music (For a film)*

...and I being I and not.

—John Banville, *Eclipse*

Der Fleck auf dem Spiegel, den der Atemhauch schafft
Dieter Appelt (1977).

Índice

Koiné I

La vida aparece entre dos muertes: la que da origen al sujeto y la que ya no hay nada que decir. De esta misma manera, el periodo helenístico comúnmente se establece entre dos acontecimientos mortíferos. La muerte de Alejandro Magno sucede en el palacio de Nabucodonosor II en Babilonia, en 323 a. C., y el aparente suicidio de Cleopatra VII de Egipto, última soberana helenística, en 31 a. C. Días antes de la muerte de Cleopatra, el general y político romano, Marco Antonio, amante de la reina, se quitaba su vida dejándose caer sobre su espada al ser derrotado en la batalla naval de Accio por el ejército del general Octavio. Tras semanas de una intensa lucha militar, Octavio logra conquistar Alejandría, para años más tarde convertirse en el primer emperador romano, es decir, en Augusto. La Grecia Helénica —o el comúnmente denominado helenismo—, después de reinar por casi tres siglos en el mundo occidental, llegaba a su fin.

Durante este periodo, la lengua que se utilizaba en todo el territorio helénico era la *koiné glossa* (lengua común) o *koiné diálektos* (habla común). Dicha lengua era una variedad del griego que tenía el propósito de unificar el territorio, ya que se podía hablar en lugares tan dispares como Roma y Egipto hasta los enclaves en India. Aunque las diferencias entre el griego clásico y el griego helenístico eran más acorde a la pronunciación y no tanto a la gramática, la *koiné* le sirvió a Alejandro Magno para unificar su reino más allá de Macedonia. Comúnmente definida como la lengua alejandrina, la *koiné* unió bajo una sola lengua común distintos dialectos (micénico, ático, jónico, dórico, eólico, etcétera), procedentes de diversas regiones de la Antigua Grecia, dentro del ejército alejandrino. La *koiné* literalmente significa "común" y se explica como el vehículo de la cultura. Por ello, no es fortuito que el Nuevo Testamento se escribiera en la lengua común. Posteriormente, el griego helenístico dio paso al griego bizantino.

El objetivo de utilizar una lengua "común" en psicoanálisis es la de oponer lenguas o escuelas para encontrar convergencias y divergencias. ¿Acaso la variedad de conceptos psicoanalíticos hablan de lo mismo pero desde una postura teórica y técnica distintas? El propósito de la lengua "común" —*koiné*— no es integrar ni formar eclecticismos, sino más bien confrontar y oponer las contradicciones internas que se presentan dentro de los conceptos. A partir de la oposición de las "lenguas" psicoanalíticas, conforme sus contradicciones encuentren un camino hacia la síntesis, es que lograremos ubicarnos en una *koiné diálektos*.

0. ¿Qué es un concepto?

De acuerdo al latín clásico del siglo XIII, un concepto es algo que se concibe. *Conceptum*, definido como borrador o resumen, proviene de *concipere*, que significa "contener, absorber, concebir".[1] Sus múltiples derivados avanzan desde concebible, concebimiento, concepción hasta *conceptus* (concepto). De esta manera, *concipere* literalmente significa "dejar [la semilla] en el vientre, quedar embarazado". Por vía popular, el *conceptus*, desde la lengua castellana, es conocido como *concieto*, o sea, antojo. Más que como mero capricho (del italiano, *capriccio*), como "antojo" que algunas mujeres experimentan durante el embarazo, el *concieto* queda como la "mancha del hijo".[2] A partir del siglo XIV, un concepto se define como el

---

[1] Joan Corominas y José A. Pascual, *Diccionario crítico etimológico castellano e hispánico*, vol. II. Madrid, Gredos, 1980, p. 165.
[2] *Idem.*

acto de quedar embarazado no como un impedimento o estorbo,[3] sino como una manera de tomar algo e implantarlo en la mente.

El concepto no es asimilable a la idea, entendida como la idea platónica más cercana al "arquetipo o patrón inmaterial puro", pues desde su raíz etimológica griega, *ιδέα* significa forma. Para Hegel, el concepto no se sitúa fuera del tiempo ni del espacio, ya que una vez que la esencia se separa de su soporte natural (material), ésta deviene sentido de una palabra o discurso. En *Fenomenología del espíritu*, Hegel frecuentemente utiliza la palabra alemana *Begriff*, o el verbo *begreifen*, para ilustrar la importancia de que sin dicha figura la ciencia carecería de inteligibilidad universal, esto es, de un entendimiento.[4] Así, entonces, se da cuenta de que el verbo *begreifen* proviene de *greifen*, que significa "atrapar, coger". Por lo que se hace esta aclaración: "[*begreifen*] está, pues, directamente emparentado con el '*conceptus*' latino, sobre el cual se construye. Ello es menos inmediato de ver en el verbo castellano 'concebir'; pero conviene tenerlo presente, dada la enorme importancia de la actividad de *begreifen* en Hegel [...]".[5] Por lo tanto, el concepto no es una idea ni un sentido, sino una palabra-que-tiene-un-sentido definido como un discurso coherente del *logos*.[6] Aunque el entendimiento separe la esencia de su soporte natural, solo es con el propósito de unirlo posteriormente como un discurso dotado de sentido para ser comprendido por un hombre *hic et nunc*.

Por otro lado, encontramos que Freud, a partir de la "Carta 52", da cuenta del momento de la segunda transcripción descrita como la inconciencia (*Ic*). La traducción realizada por Etcheverry (Amorrortu) destaca lo siguiente: "Las huellas *Ic* quizá correspondan a recuerdos de conceptos, de igual modo inasequibles a la conciencia".[7]

---

3 *Ibíd.*, pp. 555-558.

4 Georg Wilhelm Friedrich Hegel, *Fenomenología del espíritu*. Madrid, Abada | Universidad Autónoma de Madrid, 2010, pp. 57-67.

5 *Ibíd.*, p. 975.

6 Alexandre Kojève, *La idea de la muerte en Hegel*. Buenos Aires, Leviatán, 2006, p. 38.

7 Sigmund Freud, "Carta 52", en *Obras completas*, t. i. Trad. de José L. Etcheverry. Buenos Aires, Amorrortu, 1986, p. 275.

En alemán, Freud utilizó la palabra *Begriffserinnerungen*,[8] que podemos separar en *Begriff* (concepto) y *Erinnerung* (recuerdo). Otras traducciones, que justifican nuestro examen lingüístico, han empleado los siguientes sinónimos: en español, "recuerdos conceptuales" (Ludovico Rosenthal); en inglés, "*conceptual memories*" (James Strachey, además de Jeffrey Moussaieff Masson); en francés, "*souvenirs conceptionnels*" (como director científico, Jean Laplanche). Sin embargo, habría que destacar que *Begriff*, a diferencia de *Konzept*, describe un concepto más allegado al proceso del entender, una facilitación que aún no llega a cristalizarse en un concepto definido, es decir, siempre incompleto. Mientras que *Konzept* describe una representación mental de un objeto, hecho, cualidad, situación, etcétera, *Begriff* apunta más hacia un proceso. Esto nos brinda una posible lectura: los conceptos como residuos de lo inconciente (*Ic*). De esta misma manera, habrá que cuidar en no forjar un concepto como una formación de lo inconciente, sino más como un vestigio, un pensamiento posible. En resumen, definimos concepto como aquello que nos embaraza desde la experiencia clínica, entre psicoanalista y analizante, colegas, estudiantes, supervisiones y, sobre todo, desde el propio análisis.

La clínica psicoanalítica no nos confronta exclusivamente con riesgos, o supuestas "psicopatologías", estructuras o fuentes de angustia y/o placer. Al contrario, ésta misma nos trabaja con conceptos, sabiduría individual que parte de los síntomas y del discurso de cada analizante en vías de ofrecer una posible universalidad del conocimiento no sabido. Fue así que Freud fundó su clínica, siendo preñado por las palabras, los sueños y las dolencias de sus pacientes histéricas.

A lo largo de estos textos metapsicológicos, se remitirá al lector al uso de la filosofía (y otras disciplinas) siendo apoyada y/o contrariada por el discurso psicoanalítico, ocasión que hará que varios asiduos a la crítica definan este tratado como un ejercicio de filo-

---

[8] S. Freud, "Brief 52", en *Aus den Anfängen der Psychoanalyse*. Frankfurt, S. Fischer Verlag, 1962, p. 152.

sofía del psicoanálisis o una metapsicología filosófica, incluso hasta llegar a ser acusado de una ontología negativa. La contradicción interna que dispone de opuestos dentro de las escuelas psicoanalíticas debe arrojarnos preguntas más que respuestas, por lo que al tratar de llegar a una síntesis a través de una dialéctica no se conseguirá la integración de las teorías ni el eclecticismo de las técnicas. Dicho resultado sería un fracaso absoluto. El propósito exclusivo de esta obra es diferir —hacer diferencia— pues esta misma parte de las inquietudes clínicas que emanan durante un proceso psicoanalítico, sesión tras sesión, incluso a partir de una mera entrevista inicial, y cuyo fin es tratar de hilvanar una pesquisa posible de lo que cada sujeto en el diván nos comparte sobre su propio saber. Por último, los orígenes del sujeto es lo que atraviesa el fin de este libro, la construcción del psiquismo y, sobre todo, el acontecimiento psíquico entendido como suceso del alma en la existencia de cada individuo y/o comunidad. En efecto, la teoría psicoanalítica que merece ser pensada es la que proviene de la clínica... eso es metapsicología.

* * *

El proceso de escritura nunca es un suceso solitario. Para llegar a la publicación de un libro, este proceso tuvo que atravesar varias lecturas que acompañan y otras que refutan. Agradezco el apoyo y crítica que hicieron Julio Ortega Bobadilla y Felipe Flores Morelos, cuyas lecturas alentadoras dieron forma a este libro. Expreso gratitud al siempre caluroso recibimiento de Casa Trieb (Irapuato, Guanajuato) por brindarme un espacio de intercambio a las primeras formulaciones que construyeron este texto. Asimismo, quisiera agradecer a mis pacientes, estudiantes y supervisandos por todo lo que me han enseñado, no sé si lo sabrán pero quisiera que lo supiesen. A Ricardo Álvarez, editor de Prometeo, por la puesta en marcha del envite. Por último, caigo sobre el empuje que me brinda la fuerza vital, aquella voz que nunca dejó de decirme lo que no quería escuchar, la que hizo posible este libro—Andrea.

PARTE I
ALIENACIÓN: *HOMO INCURVATUS IN SE*

1. Primeros encuentros

En la noche más oscura un destello de radiante iluminación enceguece a cualquier vidente. Recuerdo que era jueves. Laura llegó a su primera entrevista de análisis acompañada de su madre, una señora apenas entrada en sus cincuentas y de aspecto sumamente jovial. Fue ella quien solicitó la entrevista para su hija de 22 años. El arreglo de ambas era muy similar, ropa deportiva con pants, tenis y sudadera. En su atuendo eran casi idénticas. A pesar de ello, no lograba entrever cuál era la problemática latente. Nada de esto me pareció inusual. No obstante, cuando me presenté en la puerta de mi consultorio y dije "Adelante", la madre de Laura, ante el silencio de su hija, contestó, "¿Ella o yo, doctor? Lo que pasa es que venimos juntas", mientras entraban al consultorio.

De inicio supuse que había errado en la llamada telefónica y que había confundido la demanda de la madre solicitando análisis únicamente para su hija por un *analyse à deux*. Me resultaba extraño que una chica de esa edad no hubiera solicitado el análisis por ella misma, sin embargo, sentía que había algo más en este primer encuentro. Me llamó la atención que la invitación de bienvenida fuera registrada por dos individuos sincrónicamente, pues al decir "Adelante", sin indicar a alguien en específico, observo como respuesta quién escucha y quién actúa. Mientras Laura y su madre se sentaban una al lado de la otra en el sillón, me detenía en sus gestos, manierismos y posturas. Al iniciar la entrevista, la madre fue la primera en hablar y relatar la historia de su hija.

¿Por qué vienen juntas? Se me cruzó por la mente si acaso Laura tenía algún impedimento físico relevante para que tuviese que ser asistida por la madre, pero éste no era el caso. Ante cada pregunta que le dirigía a Laura, la madre inmediatamente contestaba por ella, pues más que prestarle su voz, la madre le arrebataba la palabra. Cuando insistí en que Laura contestara lo que ella pensaba al estar en este lugar y cómo se sentía al respecto, sus respuestas, en un tono bajo casi imperceptible, eran dirigidas hacia su madre tal como un bebé en brazos mira fijamente a los ojos de la madre en búsqueda de una respuesta aprobatoria o un esclarecimiento de los enigmas del mundo. Me pregunto si Laura en realidad *busca*, si su constitución psíquica le permite desear algo, o si acaso es una extensión conectiva, ensimismamiento de un discurso ajeno que la suprime en cada esfuerzo de hablar por sí sola y en el decir acerca de sí misma. Cuando me comentó su interés por ingresar a análisis (durante una entrevista a solas), fue que por fin dijo: "Desde que [mi novio] me dio el anillo de compromiso, ya no me puedo ver en el espejo... siento que estoy desapareciendo".

Ante la sorpresa de cómo había tomado la propuesta de matrimonio, averiguo si Laura expresa su desvanecimiento de manera simbólica o especular. ¿Acaso percibe este compromiso como una opresión o, más aún, como una desaparición total de su ser más íntimo? Asimismo, ¿por qué Laura, a sus 22 años, necesita que su madre todavía siga siendo la portavoz de su discurso? ¿Qué ha sucedido y qué sigue aconteciendo en esta relación? ¿Acaso la presencia de la madre e hija juntas, cohabitando un mismo discurso en el consultorio y en la vida, dos individuos aparentemente separadas, fuera realmente la figura de un conjunto? Era como si las noticias del compromiso y la voz de la madre *eclipsaran* la presencia del discurso de Laura. "Eclipsar", en el sentido del verbo transitivo, pero también en su figuración sustantiva: eclipse.

¿Qué es un eclipse? ¿Se puede concebir como un concepto en el trabajo metapsicológico? Además de esclarecer sus diferencias teóricas, dinámicas y económicas, es necesario indagar sobre sus posibles efectos en la clínica. Aún más, ¿qué queda después del eclipse? Detrás de las sombras que produce el efecto de una luna que obstruye la luz solar, encontramos un resto de que no todo ha desaparecido en las penumbras de la oscuridad. Una centella, pequeña luminosidad que salta de la materia y que arde en el encuentro de dos objetos, una chispa que aparece con el resplandor de un nacimiento: "Dio a luz", se dice. Quizá un posible alumbramiento. Pues como nos lo recuerda Jorge Luis Borges en su poema "Elvira de Alvear": "Todas las cosas tuvo y lentamente todas la abandonaron". Más allá del delirio y del eclipse, como observa Borges, se conserva la cortesía, eso sí, además de su sonrisa.

2. Fenómenos astronómicos

Desde las antiguas civilizaciones la presencia de fenómenos astronómicos comprendidos como semblantes de lo desconocido, ha tenido la connotación de significar un presagio de mala fortuna o mal agüero. Los chinos, desde 2800 a. C., al estudiar el movimiento del sol, creían que un eclipse solar era la manifestación de un dragón que se comía el sol; de manera similar, otros pueblos describían que era un demonio, o que la desaparición del sol era ocasionada por fuerzas sobrenaturales. Por su parte, los griegos solían pensar que un eclipse era señal de mala fortuna proveniente de la furia de los dioses, y que en ocasiones favorecía a la victoria de algún ejército ante sus enemigos tras la oscuridad que reinaba sobre las llanuras.

No obstante, los mayas fueron los primeros quienes estudiaron con mayor precisión el movimiento de los cuerpos celestiales y, sobre todo, la predicción de los eclipses. Siglos más tarde, al utilizar herramientas de medición solar y lunar, distintos estudios consideraron a los eclipses como fenómenos astronómicos ligados a la física del universo, de tal manera que podían ser medidos en predicción y duración, siendo Johannes Kepler uno de los primeros en ofrecer un registro científico de un eclipse solar total en 1605. Más allá de tener una carga de significación cultural y/o una medición científica precisa, los eclipses también poseen una connotación estructural y estética.

El 3 de noviembre de 2013, a partir de las predicciones establecidas por la NASA, se vislumbró la presencia de un acontecimiento inusual: un eclipse solar híbrido. Un fenómeno de este tipo cuenta con la singular característica de ser un eclipse solar total junto con un eclipse solar anular; es decir, mientras que en ciertas regiones de la tierra se observó un eclipse solar total, donde la luna bloquea completamente la figura del sol dejando ver únicamente la corona solar en medio de una oscuridad penetrante, en otras partes de la trayectoria eclíptica, la luna solamente tapó una parte del aura solar. El posicionamiento intermediario de la luna entre el sol y la tierra, a veces de manera exacta (eclipse total), en otras ocasiones de manera parcial (eclipse parcial) o justamente en el interior del aura solar (eclipse anular), o de manera mixta (eclipse híbrido), hacen que la estructura de un eclipse solar y su percepción visual sean un fenómeno natural admirable, donde la luna y el sol parecen fusionarse en un solo elemento. De esta manera, la luna se interpone en la trayectoria natural de la tierra con respecto al sol para bloquear la luz solar, mientras que en conjunto la luna y el sol conforman una nueva figuración celeste: un eclipse. Efectivamente, dos elementos parecen convertirse en uno: un fenómeno astronómico compuesto por dos fuerzas celestiales.

A pesar de que ambos cuerpos celestes nunca se empalmen físicamente entre sí, es posible que este fenómeno natural nos brinde una experiencia visual donde los dos elementos no logran distinguirse en sus propiedades constitutivas a pesar de que nunca se fusionen realmente. Aunque no estén superpuestos materialmente, tampoco se logran diferenciar entre sí. Por lo tanto, ¿acaso la figura de un eclipse nos puede ofrecer un modelo para pensar la posible mixtura de dos elementos en uno solo? Esta figura puede llegar a ser una metáfora (sustantivo), o incluso una acción (transitivo). Por ende, habrá que ser cuidadosos en no reducir exclusivamente el modelo del eclipse a la imagen perceptiva del fenómeno astronómico en su belleza estética entera, sino también en lograr distinguir su formulación teórica a la constitución lingüística del verbo transitivo *eclipsar*, es decir, a la acción inherente en el azoramiento de un conjunto en torno a un elemento singular de donde posiblemente broten dos sucesivamente.

3. Etimología y gramática

El diccionario de la lengua española de la Real Academia, en su vigésima tercera edición, define *eclipse* como una "ocultación transitoria, parcial o total de un astro o pérdida de su luz, por interposición de otro cuerpo celeste entre aquél y la tierra". En un sentido figurativo, se destaca por una "ausencia, evasión, desaparición de alguien o algo". Como verbo transitivo, *eclipsar* se dice de un astro que causa el eclipse de otro. Sin embargo, también se define en la siguiente connotación: "oscurecer, deslucir, ausentarse, desaparecer una persona o cosa". De esta manera, entendemos que el uso del verbo transitivo cobra importancia al dar cuenta de una acción alejada de la órbita celeste de los astros, mientras nos sitúa en una dimensión de personas o cosas, como la acción de eclipsar a alguien o algo, es decir, desparecerlo o borrarlo de su entidad constitutiva.

Eclipsis, del latín que refiere a la palabra "oscuridad" y que proviene del griego *ekleipsis* (ἔκλειψις), "abandono", deriva de *ekleipein* (ἔκλειπω) y se define por "abandonar un lugar común, fallar en aparecer, omisión o sufrimiento debido a un eclipse".[9] *Ek-* (*ex-*), "fuera" + *leipein* "abandonar", está relacionado al latín *linquere*, asimilado al verbo en inglés *relinquish*, definido por la acción de "abandonar, renunciar". Otras propuestas enciclopédicas lo definen como "desaparición", "deserción", descrito como *ekléipo* (εκλέιπο), "yo abandono", proveniente de *léipo* (λέιπο), "yo dejo".[10] *Ekleipein*: un abandono debido a una ocultación, bloqueo o fracaso por aparecer.

Desde la antigüedad, Heródoto, en sus libros VI y VII de *Historia*, hace referencia al término ἔκλειψις como el acto de oscurecerse debido a la superposición de dos astros, en especial, el sol y la luna, que hacen que la luz solar se extinga durante el día. Aristóteles, en la *Metafísica*, hace referencia al ἡλίου ἔκλειψις como el abandono de una sustancia. De igual manera, el uso de ἔκλειψις en los romanos portaba un significado parecido a "fallar, abandonar o cesar", y en algunos casos atípicos podía describir una extinción. Para la lengua latina, es común encontrar ἔκλειψις como sinónimo de "omisión", además de constituir la referencia a *defectio* o *defectus*.[11] A partir de la ley romana, el ἔκλειψις se toma como el acto de "fallar a presentarse en la corte". Por otro lado, en el Nuevo Testamento aparece una connotación donde san Pablo determina ἔκλειψις χορίου como la retención de la placenta o prolongación del parto.[12]

A pesar de que las múltiples referencias a ἔκλειψις contengan un atributo con respecto a la oscuridad, omisión o abandono —por ejemplo, John Locke lo define como "oscuridad", al igual que Don Quijote ("Eclipse se llama el oscurecerse de esos dos luminares mayores."), mientras que William Shakespeare lo ilustra como el acto de "extinguirse" o "apagarse"—, encontramos una acepción del siglo XIX que ofrece otra perspectiva. Tomada a partir de la antigua astronomía, la línea cuya trayectoria suscribe el movimiento eclíptico, el *clisos*, defi-

---

[9] G. W. H. Lampe (ed.), *A patristic Greek Lexicon*. Oxford, Clarendon Press, 1961, p. 512.
[10] Santiago Segura Munguía, *Nuevo diccionario etimológico Latín-español y de las voces derivadas*. Bilbao, Universidad de Deusto, 2001, p. 242.
[11] Michiel de Vaan, *Etymological dictionary of Latin and other Italic languages*. Leiden, Países Bajos, Koninklijke, 2008.
[12] G. W. H. Lampe (ed.), *op. cit.*, p. 512.

nido como "los ojos", hace referencia a *clisar*, "mirar", entendido como "quedarse mirando algo fijamente".[13] Para inicios del siglo xx, el "quedarse mirando algo fijamente" se convirtió en el verbo "embobarse" como equivalente a "eclipsarse" por la presencia de un objeto. Es así que el individuo queda presa de lo que mira fijamente en una trayectoria (eclíptica), es decir, se abandona ante el objeto mientras que al mismo tiempo queda omitido en él: el sujeto queda eclipsado por el otro.

Una referencia adicional que encontramos dentro de la filosofía dialógica aparece con la crítica que establece Buber sobre la máxima nietzscheana "Dios ha muerto". Al analizar la relación que sostiene el hombre contemporáneo con Dios, Buber destaca que vivimos una época de tinieblas en donde el hombre ha convertido la relación "yo-tú", estandarte de la filosofía dialógica, en una relación "yo-ello", perteneciente a una filosofía centrada en el individuo que objetiviza la realidad. Según Buber, para comprender la máxima nietzscheana sería más apropiado hablar de un eclipse de Dios, esto es, la reducción de Dios a un mero objeto de reflexión.[14] Una época que hace que el hombre se centre en sí mismo —*homo incurvatus in se*—, merece que se considere, según Buber, como el "oscurecimiento de la luz del cielo".[15] Así lo establece Arroyo en su análisis introductorio: "Dios, el verdadero interlocutor del hombre, que no puede describirse como ello, sino que debe ser alcanzado como un tú, desaparece de nuestra visión".[16] El eclipse de Dios no establece un mundo *sin* Dios, sino un mundo en ausencia de la relación con Él. Por lo tanto, el eclipse llega a ser definido, más allá de la religión, como la ausencia de relación.

En resumen, el abandono que se describe no se puede tomar como el desasimiento de una madre ante su hijo dejándolo clandestinamente en las puertas de un orfanato, o el padre que deja a su familia. En estos casos, podemos decir que existe abandono en el momento en el que se desiste de otra persona no por omisión, sino en su presencia actual,

---

[13] S. Segura Munguía, *op. cit.*, p. 242.
[14] Martin Buber, *Eclipse de Dios*. Salamanca, España. Sígueme, 2014.
[15] *Ibid.*, p. 51.
[16] *Ibid.*, p. 25.

es decir, solamente se puede abandonar a alguien que ya existe. No obstante, el abandono del cual surge un eclipse se define como una ocultación y omisión de dos elementos que hacen que otro elemento, que debería aparecer, falle en hacerlo. La superposición transitoria de dos elementos fomenta que se *eclipse* la relación de ambos como entidades independientes, lo que promueve la omisión de estos mismos: dos agentes se convierten en uno solo. Es por ello que la omisión de estos elementos en un único portador no solo da cuenta de la aparición de este elemento por sí solo, sino que a partir del mismo bloqueo éste cobra su mayor fuerza al manifestarse como tal. Dicho de otra manera, no puede haber un eclipse sin la luna ni el sol, sin embargo, ambos elementos deben desaparecer momentáneamente para que el eclipse cobre su mayor esplendor.

Por último, de acuerdo a las reglas de la gramática, encontramos que la figura de la *elipsis* o *eclipsis* refiere a un concepto de uso lingüístico para destacar la omisión de palabras necesarias para expresar el sentido de un enunciado. Una línea o tachadura en un escrito muestran que parte de un texto ha sido omitido con el fin de expresar un sentido apropiado, o la aparición de puntos suspensivos (...) fungen como una pausa en el discurso para dar cuenta de una aposiopesis (silencio). Por su parte, la gramática inglesa ofrece, en un sentido fónico, la equivalencia de este término a la nasalización (*nasalization*), donde el sonido inicial de un fonema (o palabra) queda mudado de tal manera que un sonido insonoro (*voiceless*) adquiere sonoridad vocal: la conjugación de sonidos vocales se convierten en consonantes nasales de manera protésica. Por ejemplo, al pronunciar la palabra *impossible*, la nasalización hace que la *e* al final sea insonora y quede omitida en el fonema *-ble*. Asimismo, en la lengua francesa, las vocales nasales son fonemas que mantienen esta omisión para su pronunciación adecuada (i.e. *rhombe*, *pente*).

En este sentido, la *elipsis* o *eclipsis* sirve para omitir ciertos fonemas (o palabras) con el fin de dar cuenta de su propia fuerza gramatical en ausencia de las mismas, ya sea con puntos suspensivos o en la nasalización de vocales. En resumen, la omisión de un elemento sonoro da cuenta de su propia fuerza en el silencio.

4. Vientre psíquico: entre contención y pulsación

A diferencia de muchos animales, el hombre nace prematuro. Caso curioso que mientras otras especies al momento del parto, como marca del fin de la gestación y el inicio de la vida extrauterina, ya están dotadas con la carga instintiva y evolutiva necesaria para afrontar las exigencias del ambiente, el hombre, en cambio, al "ser arrojado al mundo", queda desamparado, abandonado ante las inmundicias de su propia existencia, la precariedad de su carga instintiva, y la torpeza de su adaptación natural. En el hombre las cosas suceden de manera prematura, pues el parto se adelanta al fin de su gestación completa, dado que si el feto permaneciera en el vientre materno por un tiempo extendido a los nueve meses, su nacimiento correría peligro o incluso podría morir. De manera paradójica, es como si el feto humano debiera dar un salto arriesgado al mundo antes de tiempo para así continuar con su proceso madurativo. Así, el desarrollo neurovegetativo y madurativo en el hombre requiere de un mayor cuidado y tiempo de gestación *afuera* del útero materno.

En el neófito aún habrá cambios constitutivos importantes en su desarrollo más allá del periodo de gestación. Por ejemplo, la mollera infantil, tan blanda en el recién nacido, debe "sellar" de manera que el cráneo se calcifique completamente para proteger el tejido cerebral. Por otro lado, los dientes de leche, infantiles por excelencia, pasan por un periodo madurativo donde el individuo es despojado de ellos con el fin de crecer dientes evolutivamente más resistentes para la adaptación de la especie. Más aun, la vista es un sentido que se desarrolla mucho tiempo después del nacimiento, tal como lo describe Spitz al citar el experimento que realizó Marius von Senden en 1932, donde un grupo de ciegos fueron operados de cataratas congénitas y luego de su recuperación "resultó que aún cuando poseían la *visión*, no sabían *ver*".[17] En resumen, las cuarenta semanas de gestación intrauterina, útiles para el desarrollo del sistema nervioso central y periférico, la conexión neuronal y el crecimiento celular, la calcificación del esqueleto, y la maduración del tejido corporal, incluyendo la formación de órganos internos y externos, no son suficientes para la gestación completa de la criatura humana. Quizá nos ayude recordar, según Winnicott, que el bebé recién nacido aun no es una persona, sino que es mejor descrito como un *ser inmaduro*.[18]

A partir de varios estudios genéticos se ha destacado que los primeros seis meses de vida son de suma importancia para el desarrollo del infante. ¿Qué sucede durante estos seis meses iniciales? ¿Por qué el ser humano es una especie que requiere de cuidados externos adicionales una vez ya nacido? ¿Acaso el nacimiento es equivalente a un trauma, como lo propuso Otto Rank, de manera que la especie humana requiere de auxilios ambientales para su supervivencia postraumática?

Habrá que tener cuidado en no dejarnos llevar por la suposición de que el parto, como un acontecimiento inaugural biológico, sea descrito como un trauma, ya que esta doctrina psicológica ha basado sus especulaciones sobre el impacto que ocasiona dicha experiencia en un aparato psíquico que aún carece de conciencia, es decir, donde recuerdos y contenido psíquico están ausentes. A pesar de la evidencia pediátrica

---

[17] René Spitz, *El primer año de vida del niño*. México, FCE, 1969, p. 42.
[18] Donald Winnicott, "Ego integration in child development", en *The Maturational Processes and the Facilitating Environment*. Londres, Karnac, 1990, p. 57.

sobre los movimientos del feto ante ciertos estímulos externos, como el estado de ánimo de la madre u ondas sonoras hipo-acústicas, o la función de la vida placentaria, incluso las investigaciones realizadas por Fifer que establecen que los bebés cuentan con la habilidad para reconocer la voz de la madre antes del nacimiento,[19] aún no hay huellas prenatales o intrauterinas que conserven una representación psíquica debido a que en la vida intrauterina aún no se instaura la ausencia. En efecto, no se puede ocasionar un trauma sobre algo que aún no proporcione una perturbación psíquica o un vestigio en forma de memoria negativizada. En 1926, Freud escribe que "el peligro del momento de nacer no tiene todavía contenido psíquico",[20] lo que llama la atención, entonces, es que defina el momento de nacer no como un trauma, en el sentido habitual, sino como un peligro. Si, en efecto, no hay trauma en el nacimiento, entonces, ¿qué es lo que encontramos en este momento inaugural de la vida de un bebé? En el principio podemos inferir que hay un pedazo de carne.

De acuerdo a Spitz, en el mundo del neonato no existe objeto ni relación objetal. Esta etapa que él denomina "la etapa sin objeto" coincide con lo que definiremos más adelante como una etapa de no-diferenciación apremiante del narcisismo primario, una etapa donde tampoco se distinguen las propiedades del cuerpo, el yo, los objetos y las cosas, mientras que la distinción entre adentro y afuera, lo interior y lo exterior, permanece difusa. Dado que el infante aún no logra distinguir las cosas del mundo, todo ejercicio psíquico será regulado por un trabajo proveniente de un aparato perceptivo ligado a dos sistemas: interoceptivo y propioceptivo.[21] Basado en la experiencia con el mundo y sus estímulos, el infante logrará registrar sensaciones perceptuales a través de excitaciones corporales que tomarán el atributo de una carga

---

[19] William Fifer, "Neonatal preference for mother's voice", en Norman Krasnegor, Elliott Blass, Myron Hofer y Wil Smotherman, *Perinatal Development*. Nueva York, Academic Press, 1987, pp. 111-124.

[20] Sigmund Freud, "Inhibición, síntoma y angustia", en *Obras completas*, t. xx. Trad. de José L. Etcheverry. Buenos Aires, Amorrortu, 1986, pp. 71-161.

[21] R. Spitz, *op. cit.*, p. 40.

de tensión o alivio, permitiendo que el sentimiento de sosiego logre evitar el mayor displacer con el fin de mantener a un nivel constante la cantidad energética necesaria para el funcionamiento apropiado del aparato perceptivo. En este momento, el aparato perceptivo solo puede registrar cantidades energéticas o intensidades que serán inscritas posteriormente como placenteras o displacenteras.

Durante estos meses iniciales de vida extrauterina, el infante requiere de algo más para la supervivencia, no solo en un sentido de maduración neurofisiológica sino también en el cuidado infantil. Así lo expresa Green: "[...] dado que una característica de la especie humana es su pre-maturación biológica más prolongada que en las demás especies animales, esto implica una dependencia a los padres, y por lo tanto a los objetos, más importante que en aquéllas".[22] Por ende, la alimentación se nos presenta como una función sustancial que no solo cubre las necesidades básicas del infante y promueve un vínculo con el mundo, sino que también hace surgir lo que podemos entender como un primer intercambio, lo que implica ya un excedente. En este sentido, Winnicott estableció que "la necesidad básica para un bebé no es el alimento, sino el ser alimentado por un Otro que desee alimentarlo".[23] Asimismo, Lacan enfatizó que en el acto de alimentar al bebé, la madre siempre ofrece algo más que leche materna: brinda contención, angustia, placer, satisfacción, incertidumbre, etcétera. Por su parte, Aulagnier menciona que "el aporte alimenticio se acompaña siempre con la absorción de un alimento psíquico que la madre interpretará como absorción de una oferta de sentido".[24] Por lo tanto, entendemos que ante este salto primordial hacia el mundo, nos encontramos con una inadaptabilidad —con algo inasimilable— desde el origen de la vida, una asimetría entre el mundo exterior y aquello con lo que nacemos y que nos fue provisto durante la gestación intrauterina. En este intercambio poco digerible, el bebé es provisto con un excedente (*surplus*) para sobrevivir.

---

[22] André Green, *La metapsicología revisitada*. Buenos Aires, EUDEBA, 1996, p. 32.
[23] Joyce McDougall, *Donald Winnicott. The Man. Reflections and Recollections*. Londres, Karnac, 2003, p. 21. (La traducción es mía).
[24] Piera Aulagnier, *La violencia en la interpretación*. Buenos Aires, Amorrortu, 1977, p. 39.

La idea de que se presente un intercambio, una dinámica entre oferta y demanda, nos hace presuponer la existencia de dos elementos ampliamente constituidos en constante reciprocidad, en un apogeo de encuentros vinculares que son, en gran medida, la base teórica para la escuela inglesa (teoría de relaciones objetales). Desdichadamente, no podemos concordar con una hipótesis que tome por hecho la existencia de dos objetos plenamente diferenciados desde un inicio, en este caso, una madre y un bebé, dado que la precoz constitución subjetiva del aparato psíquico en el bebé solamente logrará registrar intensidades energéticas ($Q/Q\acute{\eta}$). Asimismo, tampoco podemos afirmar que estas dos figuras sean elementos fusionados, pues ambos conservan propiedades inmanentes. Según Aulagnier, lo que encontramos en la actividad alimenticia es meramente el encuentro inaugural entre un órgano sensorial y un objeto exterior, es decir, entre una zona y un objeto (no diferenciados entre sí). Lo que logramos aseverar en esta temprana edad es que aún no existen dos, o mínimo su reconocimiento recíproco.

En 1915, Freud ofrece algunas notas sobre el movimiento pulsional que hace que el objeto se distinga del propio yo. No obstante, también afirma que antes del reconocimiento de un objeto que es brindado por el mundo exterior, dicho objeto queda subordinado, en un principio, a una etapa de no-diferenciación, esto es, "lo exterior, el objeto, lo odiado, habrían sido idénticos al principio".[25] Por lo tanto, el mundo, el otro y los afectos no logran diferenciarse más allá de la identidad que posee para este encuentro inaugural entre zona y objeto. Asimismo, quince años después, en *El malestar en la cultura*, Freud continúa afirmando la existencia de una autonomía del propio yo con respecto a la otredad. Al establecer un sentimiento yoico expuesto a un cúmulo de fronteras no fijas, Freud propone ciertas perturbaciones que harán que los límites entre el adentro y el afuera en la relación del bebé con su cuidador (o madre) sean inciertos. Así lo afirma: "El lactante no separa todavía su yo de un mundo exterior como fuente de las sensaciones que le afluyen. Aprende a hacerlo poco a poco, sobre la base de incita-

---

[25] S. Freud, "Pulsiones y destinos de pulsión", en *op. cit.*, t. xiv, p. 131.

ciones diversas".[26] Conviene así citar el artículo de Hans Loewald que afirma esta misma tesis freudiana. Dice Loewald: "La relación (*relatedness*) entre el yo y la realidad, o los objetos, no se desarrolla a partir de una coexistencia inconexa originaria de dos entidades separadas que entran en contacto mutuamente, al contrario, [se da] a partir de una totalidad unitaria que se diferencia en partes distintas".[27] Posteriormente, Loewald afirma: "La madre y el bebé no se juntan y desarrollan una relación, sino que cuando el bebé nace éste se desprende de la madre y entonces una relación entre las dos partes que originariamente eran una sola se vuelve posible".[28]

Al establecer esta primera etapa como un vínculo de intercambio, nos confrontamos con la presuposición de la existencia psíquica de dos entidades donde una demanda mientras la otra oferta. Sin embargo, ¿qué es aquello que está de más, a manera de *surplus*, en el cuidado infantil a través de esta función materna primaria? ¿Qué encontramos en un bebé que acaba de ser arrojado al mundo, siendo sostenido por una red de significantes, y que debe, a pesar de su insuficiencia madurativa, luchar por sobrevivir ante las exigencias de la carne? Podemos especular que en este intercambio asimétrico, muchas veces sincrónico y rítmico, además de poseer cierto entretejido corporal, aparece una no-diferenciación psíquica entre dos elementos (lo que posteriormente se definirá "objeto-madre" y "objeto-bebé") a causa de la construcción de un vientre adicional y necesario para la maduración del bebé durante los primeros seis meses de vida extrauterina. De acuerdo a Bick, la piel tiene la función de ser una envoltura que contiene las partes no integradas del bebé a partir de la contención maternal.[29] No obstante, este vientre adicional no solo debe cumplir con la función materna ante el cuidado y frustración infantil, entre *holding* y *handling*, en el

---

[26] S. Freud, "El malestar en la cultura", en *op. cit.*, t. xxi, p. 67.

[27] Hans Loewald, "Ego and reality", en *Papers on psychoanalysis*. New Haven, Connecticut, Yale University Press, 1980, p. 11. (La traducción es mía).

[28] *Idem.* (La traducción es mía).

[29] Esther Bick, "The Experience of the Skin in Early Object-Relations", en *The International Journal of Psychoanalysis*, núm. 49, 1968, pp. 484-486.

sentido que también lo propone Winnicott,[30] sino que además debe promover la activación de las conexiones neuronales y el desarrollo del tejido celular como parte del trabajo inaugural de la pulsión. Recordemos que Freud, también en 1915, ya había propuesto la importancia de la pulsión para el desarrollo del sistema nervioso: "las pulsiones, y no los estímulos exteriores, son los genuinos motores de los progresos que han llevado al sistema nervioso (cuya productividad es infinita) a su actual nivel de desarrollo".[31] Dicho de otra manera, esta función materna que promueve el despertar del trabajo pulsional, o la pulsación de la pulsión,[32] como lo define Laplanche a partir de la seducción originaria, conlleva a establecer en un tiempo originario y transitorio, posterior a la gestación intrauterina, un espacio psíquico de cuidado y protección entendido como un vientre psíquico: un capullo libidinal. (Para Irigaray, este estado originario de completud se identifica en una matriz originaria: "[...] primera tierra nutricia, primeras aguas, primera envoltura en la que la criatura se mantiene ENTERA, y la madre ENTERA. En la cual se hallan ligados [...] previamente a todo corte y recorte de sus cuerpos en pedazos".[33]) De esta manera, la construcción del vientre psíquico extrauterino, necesario no solo para el desarrollo (contención) sino también para el trabajo de la pulsión (pulsación), ocasiona un quiasma donde dos elementos en la materialidad física se convierten en uno solo. El vientre psíquico obnubila la figura de dos individuos en una sola entidad, es decir, se produce un eclipse.

Al no existir la presencia de dos elementos ya diferenciados, preexistentes, nos parece que aún no nos es lícito hablar de apegos, objetos, cuerpos o extensiones yoicas, ya que el eclipse mismo es la evidencia de cómo dos elementos (o varios), tras una ocultación transitoria, se difuminan y desaparecen.

---

[30] D. Winnicott, "Ego integration in child development", en *op. cit.*, pp. 56-63.

[31] S. Freud, "Pulsiones y destinos de pulsión", en *op. cit.*, t. xiv, p. 116.

[32] Jean Laplanche, *Vida y muerte en psicoanálisis*. Buenos Aires, Amorrortu, 1973.

[33] Luce Irigaray, "El cuerpo a cuerpo con la madre", en www.debatefeminista.pueg.unam.mx/wp-content/uploads/2016/03/articulos/010_02.pdf

5. Más allá de la simbiosis

En *Introducción del narcisismo*, Freud destaca que el yo no es innato. Al ofrecer múltiples comprobaciones clínicas —desde las psicosis hasta la vida amorosa— para constatar la presencia de un estado anterior a toda composición yoica, Freud afirma lo siguiente: "Es un supuesto necesario que no esté presente desde el comienzo en el individuo una unidad comparable al yo; el yo tiene que ser desarrollado".[34] Más allá de que Freud confirmara la vigencia de las pulsiones autoeróticas desde un inicio de la vida, pulsiones que definirá como primordiales, debemos destacar que él mismo nunca se suscribió al innatismo. En este sentido, no se nace con inconsciente. Por lo tanto, veamos cómo Freud aborda la composición del yo asimilable a una unidad y no tanto a un precipitado de varias identificaciones, como lo destacó años más tarde.

---

[34] Sigmund Freud, "Introducción del narcisismo", en *Obras completas*, t. xiv. Trad. de José L. Etcheverry. Buenos Aires, Amorrortu, 1986, p. 74.

La unidad está hecha de una sola parte, por lo cual, no podemos concluir que su edificación se deba de una manera similar a la composición de un ensamblaje, cuyas partes integran un compuesto o totalidad. En este caso, a partir de la lectura kleiniana, encontramos que la integración del yo, dentro de la posición depresiva, toma en cuenta la construcción yoica precisamente como una unidad (*unit*). Esto nos confronta con severos problemas teóricos ya que vemos que en la corriente freudiana se afirma la carencia de un yo innato, mientras que desde el planteamiento kleiniano se toma la vigencia de un yo al inicio de la vida psíquica. Incluso Klein establece ciertas capacidades innatas que forman parte de la formación del yo como entidad predeterminada: "Atribuyo al yo, desde el comienzo de la vida, una necesidad y capacidad no sólo de disociarse sino también de integrarse".[35] Por otro lado, podemos entrever en Winnicott a un promotor de este último pensamiento clínico. Para ello, juzgaríamos que Winnicott, gran lector de la obra freudiana, se equivoca en su comprensión metapsicológica al describir al yo como la integración de una unidad desde el inicio de la vida. Así, Winnicott pegunta y responde: "¿Existe un yo desde el principio? La respuesta es que el principio está en el momento en que empieza el yo".[36] Por su parte, Fairbairn afirma que el yo logra su integración formal a partir de su diferenciación con respecto al objeto, lo que se debe a un proceso de expulsión del objeto incorporado,[37] visión un poco más allegada a nuestro planteamiento. Por lo tanto, para una gran parte de la tradición de la escuela inglesa o de relaciones objetales, el inicio solamente es posible a partir de un yo integrado, pues todo lo anterior, las mociones pulsionales y las exigencias provenientes del ello, no tendrán significado alguno si no es a partir de este mismo yo (integrado) que logra interpretarlas o depurarlas en investiduras libidinales.

---

[35] Melanie Klein, "Sobre el desarrollo del funcionamiento mental", en *Obras completas. Envidia y gratitud*, t. 3. Buenos Aires, Paidós, 1988, p. 250.
[36] Donald Winnicott, "Ego integration in child development", en *The Maturational Processes and the Facilitating Environment*. Londres, Karnac, 1990, p. 56.
[37] Ronald Fairbairn, *Estudio psicoanalítico de la personalidad*. Buenos Aires, Lumen-Hormé, 2001.

A partir de la corriente kleiniana, la integración del yo omite un acontecimiento inaugural. En este sentido, la integración yoica, como unidad psíquica fundamental, atina en precisar la capacidad por distinguir entre lo interno y lo externo, entre un adentro y un afuera, dentro de los límites forjados de un yo diferenciado del ambiente (o del cuerpo de la madre). Así, la unidad yoica de la cual habla el pensamiento kleiniano es mejor entendida por la figura que Winnicott describe como la relacionalidad del yo (*ego-relatedness*),[38] forma que nos coloca, por la presencia suscrita de la alteridad del otro, en una posición del dos. En efecto, la capacidad para estar solo, como lo define Winnicott,[39] no es precisamente esta unidad *anterior* al yo, sino es, más bien, el efecto de una integración yoica posterior al estadio originario.

¿A qué nos referimos con este planteamiento *anterior* a la integración del yo como unidad total? Cuando Freud apuesta por el desarrollo del yo, como un proceso alejado de la corriente del innatismo, se refiere más bien a un estado anterior de sumergimiento libidinal y auto-conservación. En *Tres ensayos de teoría sexual*, Freud describe a la pulsión, primado del acontecimiento de la sexualidad infantil, como auto-erótica y carente de objeto.[40] ¿Qué quiere decir con esto? En principio, la pulsión se apuntala a "una de las funciones corporales importantes para la vida",[41] por ejemplo, la alimentación como acto de conservación vital, para luego divorciarse del instinto y dividirse en dos tipos elementales: pulsiones sexuales y pulsiones de auto-conservación. Posteriormente, escribe Freud en 1914: "La separación de la libido en una que es propia del yo y una endosada a los objetos es la insoslayable prolongación de un primer supuesto que dividió pulsiones sexuales y pulsiones yoicas".[42] Así como se sufrió una separación de las pulsiones sexuales con respecto a las pulsiones de auto-conservación (o yoicas), también la libido ostenta un camino divergente entre la pro-

---

[38] D. Winnicott, "The capacity to be alone", en *op. cit.*, pp. 30-35.
[39] *Idem.*
[40] S. Freud, "Tres ensayos de teoría sexual", en *op. cit.*, t. vii, pp. 164-166.
[41] *Ibid.*, p. 165.
[42] S. Freud, "Introducción del narcisismo", en *op. cit.*, t. xiv, p. 75.

pia investidura yoica y la investidura objetal. Por lo tanto, habrá que precisar que en un inicio, Freud enfatiza el primado de las pulsiones de auto-conservación como fuente originaria del destino pulsional: "En su primera aparición [las pulsiones sexuales] se apuntalan en las pulsiones de conservación, de las que sólo poco a poco se desasen; también en el hallazgo del objeto siguen los caminos que les indican las pulsiones yoicas".[43] En principio, las pulsiones sexuales solo lograrán investir el mundo externo habitado por objetos, cosas y personas, a partir de su cabalgadura sobre las pulsiones yoicas, es decir, el hallazgo del mundo (y el objeto), en un inicio, será de índole reflexiva y auto-referencial.

Según Aulagnier, esta primera actividad representativa de las pulsiones ofrece una posible explicación del fenómeno en que una unidad parecida al yo comienza por interpretar el mundo. La representación del mundo no es otra cosa más que la obra del propio yo como representación relacional entre los elementos psíquicos del propio yo: "el yo no es más que el saber del yo sobre el yo".[44] Dicho de otra manera, el mundo será para el infante un lienzo abierto donde se proyecten las investiduras yoicas, mismo que portará de entrada la vestimenta que el propio yo le atribuya, término que se describe como el fenómeno de especularización: "toda creación de la actividad psíquica se presenta ante la psique como reflejo, representación de sí misma, fuerza que engendra esa imagen de cosa en la que se refleja; reflejo que contempla como creación, 'imagen' que es simultáneamente para la psique presentación del agente productor y de la actividad que produce".[45] El mundo exterior fuera de la psique no existe más que como una superficie especular donde el propio reflejo del yo, a partir de las fuerzas de auto-conservación, forjará una representación auto-referencial del mundo, es decir, un mundo al servicio del narcisismo primario.

Por su parte, al identificar el estadio del espejo como precursor en la formación del yo, Lacan somete a cuestionamiento la construcción de una *Gestalt* del cuerpo, donde "la identificación espacial maquina

---

[43] S. Freud, "Pulsiones y destinos de pulsión", en *op. cit.*, t. xiv, p. 121.
[44] Piera Aulagnier, *La violencia en la interpretación*. Buenos Aires, Amorrortu, 1977, p. 26.
[45] *Ibid.*, pp. 50-51.

las fantasías que se sucederán desde una imagen fragmentada del cuerpo hasta una forma que llamaremos ortopédica de su totalidad".[46] De esta manera, no solo será necesario formar un yo integrado que logre distinguir entre el *Innenwelt* (mundo interno) y el *Umwelt* (ambiente), sino que además —en primera instancia— se debe construir la imagen especular de un cuerpo psíquico, sostenido por la proyección narcisista auto-referencial puesta en el mundo, más allá de su fragmentación primaria de pedazos aislados provenientes de una carne erógena. No obstante, Lacan anticipa que la carga de libido narcisista, como función alienante del yo, desprenderá cantidades de agresividad con relación a un mundo diferenciado de su propia imagen, es decir, el narcisismo primario se confrontará con la diferencia que le reverbera la realidad.

De acuerdo a estas propuestas teóricas, el yo se desarrolla, en parte, desde esta disrupción de la pulsión sexual, y en su trayecto, en colaboración con el desprendimiento de la libido de objeto, debe lograr fomentar vías de facilitación a favor de la construcción de un mundo exterior diferenciado del propio yo. En esta etapa primordial, el trabajo de la pulsión no solo comprende las exigencias de una elaboración psíquica —traducir el alboroto biológico en términos anímicos, o transcribir la cantidad energética a cualidad psíquica—, sino que también tiene que ofrecer varios destinos a la cópula libidinal entre carne y cuerpo. Es así que Freud describe algo parecido a un "núcleo del yo" que edificará la soberanía del narcisismo primario como antecedente a toda integración yoica e investidura objetal. Será el trabajo de la pulsión —ante todo la pulsión de auto-conservación— alimentar la imagen del propio yo como unitaria, completa y sin división alguna. Por ende, a diferencia de la tradición inglesa, que solicita del yo un proceso de integración que lo consolide como una unidad, encontramos que a partir de los postulados freudianos, el yo debe encontrar primero una división pulsional.

Por otro lado, Marucco define que la elección de objeto narcisista no solo ofrece un modelo para la economía libidinal, como lo susten-

---

[46] Jacques Lacan, "El estadio del espejo como formador de la función del yo [je] tal como se nos revela en la experienia psicoanalítica", *Escritos 1*. México, Siglo XXI, 2009, pp. 102-103.

ta Freud, sino que además permite la manifestación de varios destinos del narcisismo: *a)* a lo que uno mismo es (a sí mismo), *b)* a lo que uno mismo fue, *c)* a lo que uno querría ser, y *d)* a la persona que fue una parte del sí-mismo propio.[47] Así, encontramos que un núcleo unitario sucumbe a los arrebatos antepuestos por el contacto con el mundo real. De tal manera que las exigencias del trabajo de la pulsión inscriban vestigios de placer a partir de vivencias de satisfacción libidinal sobre un cuerpo erógeno, esta unidad tendrá ciertos desvíos constitucionales. En este sentido, 1) el aislamiento del yo sobre las propiedades del mismo yo (siendo aún un yo no integrado), 2) la construcción de un cuerpo psíquico a partir de los cuidados del autoerotismo, y 3) la proyección de la imagen narcisista sobre un mundo externo, acreditarán que esta etapa sea definida como un *estado* de no-diferenciación psíquica —entre cuerpo, yo, objetos y mundo— al servicio del narcisismo primario. Según Bleger,[48] esto se considera mejor como una *estructura* de indiferenciación primitiva misma a la cual nos oponemos debido a que un estadio es algo transitorio mientras que la estructura precisa algo permanente.

La terminología psicoanalítica que proponen varios autores al referirse al bebé como una extensión narcisista de la madre resulta insuficiente pues únicamente toman en cuenta el punto de vista materno, cuyo aparato psíquico, ya consolidado con anterioridad, aún no ha quedado representado en el campo anímico del infante. Asimismo, refutamos la propuesta de Mahler cuando utiliza el concepto de simbiosis, término acuñado por el botanista Anton de Bary, en 1879, y que explica como "la asociación de dos organismos que se favorecen mutuamente para su existencia". Mahler entiende así el encuentro entre una madre y su bebé como "una unidad dual dentro de un límite unitario en común",[49] sin embargo, esto despliega el grave error de presuponer la presencia de dos elementos claramente diferenciados. Si bien es cierto que Mahler define un estadio temprano durante las prime-

---

[47] Norberto Marucco, *Cura analítica y transferencia*. Buenos Aires, Amorrortu, 1998.
[48] José Bleger, *Simbiosis y ambigüedad*. Buenos Aires, Paidós, 1967.
[49] Margaret Mahler y otros, *El nacimiento psicológico del infante humano*. Buenos Aires, Marymar, 1977, p. 56.

ras etapas de la vida extrauterina como narcisismo primario absoluto, "marcado por la falta de conciencia del infante respecto de la existencia de un agente maternante",[50] mismo estadio que denomina como autismo normal, también propone que el objetivo de esta fase es lograr el equilibrio homeostático del organismo. De esta manera, al pasar a una fase simbiótica, Mahler afirma lo siguiente: "El rasgo esencial de la simbiosis es la fusión somatopsíquica *omnipotente*, alucinatoria o delusiva, con la representación de la madre y, en particular, la delusión de que existe un límite común entre dos individuos físicamente separados".[51] Así se dan los prerrequisitos para el comienzo del proceso de separación-individuación. El mismo Bleger, partidario de esta teoría, sugiere en su planteamiento que la simbiosis ocurre "cuando la proyección es cruzada y cada uno actúa en función de roles compensatorios del otro. La simbiosis es así un tipo de dependencia o de interdependencia en el mundo externo".[52] Incluso existen estudios basados en experimentos con ratas de laboratorio que demuestran dicho anclaje, en donde un organismo (el bebé) delega su control organizacional a otro organismo (la madre) con fines de que este último regule sus sistemas biológicos en aras de promover cualidades afectivas de apego y dependencia. Hofer lo define como "dos sistemas homeostáticos individuales vinculados en una organización superordinaria que merece el término de simbiosis".[53] En este sentido, el cuestionamiento no está sobre la base del concepto, sino sobre la afirmación de una dualidad predecesora.

Por otro lado, la escuela intersubjetivista parece que propone algo similar. Según Stolorow y Atwood, la perspectiva intersubjetivista se basa en lo siguiente: "La teoría intersubjetivista es una teoría de campo o teoría de sistemas en la cual se buscan comprender fenómenos psicológicos no como productos de mecanismos intrapsíquicos aislados, sino siendo

---

[50] *Ibid.*, p. 54.
[51] *Ibid.*, p. 57.
[52] J. Bleger, *op. cit.*, p. 19.
[53] Myron A. Hofer, "Early Symbiotic Processes: Hard Evidence from a Soft Place", en Robert A. Glick y Stanley Bone (eds.), *Pleasure Beyond the Pleasure Principle*. New Haven, Connecticut, Yale University Press, 1990, p. 71. (La traducción es mía).

formados en la interfaz de subjetividades que interactúan recíprocamente".[54] Desde esta postura teórica, los fenómenos psicológicos —a manera de una filosofía dialógica— solo pueden ser analizados dentro de un contexto intersubjetivo, es decir, a partir de dos entidades diferenciadas de experiencia. Así, la intersubjetividad a la que hacen énfasis Stolorow y Atwood es la que se construye entre el niño y su cuidador (o sistema cuidador). De esta manera, consideramos que dicho sistema solo se distingue a partir de un encuentro de dos elementos apriorísticos; si el mito de la psique aislada funciona como un regulador ineficaz ante el mundo, el sistema cuidador cubrirá esa carencia al organizar los estados (anímicos) del infante. La interacción funge como regulación a partir de un fenómeno diádico. Por lo tanto, "el tratamiento psicoanalítico exitoso [se produce] a través de nuevas experiencias relacionales con el analista en concierto con las mejoras de la capacidad del paciente para una conciencia auto-reflexiva [...]".[55] En este sentido, si la relación es lo que antecede al sujeto, entonces, debemos advertir que esta perspectiva suele dejar de lado la misma noción de narcisismo primario, además de no profundizar acerca de la división pulsional, sobre todo, del trabajo de la pulsión de auto-conservación en lo originario. Al realzar el valor del vínculo (*tie*) que muchos individuos temen romper en contra de su autonomía, consideramos que el conflicto pulsional es aquello que se deja fuera de esta perspectiva, por lo cual no podemos admitir una dualidad predecesora por encima del postulado freudiano.

Para nuestro planteamiento, el problema de la simbiosis se ubica en la necesidad forzosa, desde un inicio, de dos elementos psíquicamente discernidos, figura que adscribimos como un segundo paso en la construcción del yo. A pesar de que esta teoría describe una etapa de autismo normal, no logra comprender la importancia de un estado unario ante la preeminencia del narcisismo primario como desvanecimiento del sujeto, tanto en la estructura psíquica como en un planteamiento clínico. De esta misma manera, al hablar de una fusión bebé-madre,

---

[54] Robert D. Stolorow y George E. Atwood, *Contexts of Being*. Hillsdale, Nueva Jersey, The Analytic Press, 1992, p. 1. (La traducción es mía).
[55] *Ibid.*, p. 25. (La traducción es mía).

nos topamos con el mismo error de situar a esta etapa inicial de la vida extrauterina como referente anticipado de la figura del dos. En cambio, nos proponemos a diferenciar esta etapa no como un periodo donde dos elementos se fusionan en uno, o donde la figura del uno, que en realidad son dos agentes materiales (más no psíquicos), al momento del eclipse, no distingue la presencia de ambas, esto es, no quedan separadas pero tampoco fusionadas, sino que *desaparecen* en un encuentro libidinal. Por lo tanto, el eclipse psíquico, término acuñado por Gina Fontanot durante sus seminarios, nos lleva a pensar la figura del uno. Además, si el yo debe ser desarrollado, entonces, será trabajo del narcisismo primario afirmar lo que se comprenderá como el inicio de la vida psíquica no en un yo integrado, como lo apunta la tradición kleiniana, sino en los vestigios de la carne que se convierte en un cuerpo a través del autoerotismo y con referencia a un yo aún inexistente.

Figura 1. Eclipse

De acuerdo a Freud, el yo tiene que ser desarrollado a partir de un distanciamiento: "El desarrollo del yo consiste en un distanciamiento respecto del narcisismo primario y engendra una intensa aspiración a recobrarlo. Este distanciamiento acontece por medio del desplazamiento de la libido a un ideal del yo impuesto desde fuera: la satisfacción se obtiene mediante el cumplimiento de este ideal".[56] Si tomamos en cuenta esta última referencia al desarrollo del yo, Freud nos advierte

---

[56] S. Freud, "Introducción del narcisismo", en *op. cit.*, t. xiv, p. 96.

de la insistencia y prevalencia del componente del narcisismo y su satisfacción en la vida psíquica. El distanciamiento que presenta el yo ante el narcisismo primario nos permite pensar en cierta escisión que debe sufrir la composición yoica para ser definido como un precipitado de identificaciones y dar inicio al origen del sujeto.[57] Es por ello que cuando el bebé nace, además de ser sostenido por un vientre psíquico que estimule la participación del autoerotismo en la construcción de un cuerpo psíquico y fomente el desarrollo del sistema neurológico, la identificación del yo no poseerá cualidades *a priori* si no son a partir de las frustraciones del narcisismo primario ante la realidad. Este distanciamiento con respecto a la figura del uno, la fuente del eclipse, será lo que podremos definir, en un segundo momento, como un yo diferenciado con respecto al mundo y desentrañado del ingrediente constante de la percepción.

Por último, debemos observar que el dominio de la auto-conservación no debe reducirse exclusivamente al acto alimenticio, ni mucho menos a la función materna nutricia que instaura una posible alteridad singular en el bebé, ya que esto nos posiciona nuevamente en la figura del dos, como aquellos que comparten una simbiosis o fusión dual. Más bien, tenemos que comprender la fuerza (*Drang*) que tiende hacia la conservación del núcleo del yo como un camino de la pulsión que favorece el primado de la representación del mundo como una pantalla fílmica del narcisismo. Si un distanciamiento del narcisismo primario es necesario para la composición del yo, es decir, un yo más allá del eclipse, entonces, el divorcio de la pulsión sexual de la pulsión de auto-conservación será quien ofrezca la fuerza necesaria para provocar una ruptura constitutiva en el yo: lo sexual entendido como condición para la perturbación del yo y su distanciamiento con respecto al eclipse. En este sentido, *lo* sexual y *lo* otro no tendrán mucha distancia entre sí.

---

[57] S. Freud, "Duelo y melancolía", en *op. cit.*, t. xiv, pp. 235-255.

6. Del placer a la realidad

En 1920 Freud da un giro crucial en la teoría psicoanalítica. No solo radicaliza su postura con respecto a la pulsión y a la noción de sujeto, alejada de toda perspectiva humanista, sino que además determina que la mayor resistencia anímica no proviene de la oposición entre los sistemas conciente e inconsciente, sino del yo y lo reprimido.[58] En *Más allá del principio de placer* destaca que lo interior del yo, causante de dicha resistencia que debe mucho a su carácter inconsciente, se le puede definir como el "núcleo del yo", lugar al servicio del principio de placer y que trabaja en coalición a las investiduras yoicas. (Recordemos que en otro momento Freud había definido al sistema *P-Cc* como el "núcleo del yo", e incluso en 1927, en su texto "El humor", menciona al superyó con dicha denominación.) En este sentido, podemos entender que para la metapsicología freudiana, el problema fundamental de las re-

<hr>

[58] Sigmund Freud, "Más allá del principio de placer", en *Obras completas*, t. xviii. Trad. de José L. Etcheverry. Buenos Aires, Amorrortu, 1986, p. 19.

sistencias no se centra en el carácter inconsciente del aparato psíquico o la conciencia, sino en tratar de definir aquella entidad definida como un yo (*Ich*) y su relación con respecto a las resistencias y la realidad.

Según Freud, el tránsito del principio de placer al principio de realidad está lleno de grávidas consecuencias.[59] Dado que lo que hemos planteado con anterioridad ofrece un modelo primario de funcionamiento del aparato psíquico, se corre el riesgo de posicionar estas explicaciones a favor de una tendencia neuropsicológica, o de reducirlas a la descripción biológica del carácter extra-uterino y los cuidados maternos, es decir, al mero cumplimiento de la necesidad. Sin embargo, para fines de nuestro análisis tendremos que considerar que *placer* y *realidad* obtendrán la equivalencia a una categoría metapsicológica. De esta manera, lo que intentaremos postular no solo será un problema de carácter dinámico entre los principios metapsicológicos, sino que resaltaremos la importancia de estos conceptos a partir de la escisión del yo, consecuencia de la ruptura del sujeto, al aproximarnos detenidamente y darle un peso fundamental a la cuestión del ser. Así lo afirma Safouan en *Pleasure and Being*: "El ser verdadero, un ser que disfruta de la permanencia, y que el *logos* puede usar como apoyo, está del lado de las Ideas, y éstas constituyen un mundo que es distinto al mundo sensible".[60]

El principal problema con respecto al concepto *placer* es que sea reducido a una simple tonalidad que conforme una emoción, o meramente a un registro de la percepción. Dentro de la literatura psicoanalítica, encontramos ciertas lecturas que apuntan hacia esta dirección. Por ejemplo, la propuesta hecha por el Columbia Psychoanalytic Center, en Nueva York, siguiendo las enseñanzas de Sándor Radó, quien designa al afecto un rol fundamental en toda conducta, expone una tendencia clara al modificar la noción freudiana de placer (*Lust*) por la de emoción (*emotion*), o incluso se le describe como un afecto pero ya no como un derivado de la pulsión sino como una respuesta biológica que fomenta

---

[59] S. Freud, "Formulaciones sobre los dos principios del acaecer psíquico", en *op. cit.*, t. XII, pp. 225 y ss.
[60] Moustafa Safouan, *Pleasure and Being*. Londres, The Macmillan Press, 1983, p. 13.

la motivación.[61] Mucho más grave sería atribuirle la connotación equivalente de felicidad, pues si esta última es un estado constante y duradero de satisfacción, entonces, el placer tendrá la condición de sufrir una ruptura temporal en la vivencia de la misma. El placer, en este sentido, es temporal y no constante. Asimismo, no consideramos acertado llevar a cabo un análisis del placer visto como un atributo mecánico, así como lo concibe Reich en su tesis bioenergética del placer: "[...] el placer tiene una componente motriz y una componente sensorial pasiva, que se amalgaman".[62] Desde su planteamiento económico-sexual, Reich retoma la teoría pulsional freudiana para únicamente estudiar las características cuantitativas de excitación, mientras que describe al instinto como verdadero motor del placer además de poner mayor énfasis en el placer sexual genital como meta a cumplir. Por lo tanto, habremos de distanciarnos de estas propuestas y tratar de conceptualizar la ἡδονή como la categoría filosófica que compone el sustento de la realidad, como Epicuro lo argumenta a partir de que solamente el placer nos pone en presencia de lo real. Sin embargo, esta misma propuesta del epicureísmo corre el riesgo de que al probar los placeres, estos mismos construyan un mundo de ilusiones temporales. Por último, también nos alejaremos del "hedonismo de la época", como señala Leclaire, al no suscribirnos a un análisis del concepto de goce (*joussaince*), no por no merecer profundidad sino porque nuestro interés se centra en precisar a qué se refiere un concepto tan complejo como el placer.

Ya desde el *Filebo* de Platón el placer era concebido como lo indeterminable, como aquella experiencia de insaciabilidad que se oponía a toda medida: "[...] no es posible encontrar nunca nada tan desmesurado por naturaleza como el placer [...]".[63] Seguido a esto, en *Ética a Nicómaco*, Aristóteles establece que "el placer es el acto de un hábito conforme a la naturaleza".[64] Así, se entiende que el hábito del cual habla Aristóteles

---

[61] Ethel S. Person, "Forward", en Robert A. Glick y Stanley Bone (eds.), *Pleasure Beyond the Pleasure Principle*. New Haven, Connecticut, Yale University Press, 1990, pp. IX-XIII.
[62] Wilhelm Reich, *La función del orgasmo*. Buenos Aires, Paidós, 1977, p. 53.
[63] Platón, "Filebo" [65d], en *Diálogos*, t. VI. Madrid, Gredos, 2008, p. 120.
[64] Aristóteles, *Ética a Nicómaco* [1153a], t. II. Navarra, Folio, 1999, p. 61.

no convoca a una actividad o práctica, sino más bien a una disposición constante, es decir, el placer relacionado al Bien por ser imperturbable. Es cierto que para Aristóteles el placer llega a ser perjudicial para el hombre, pues hay placeres más intensos que otros, o hasta más dañinos, pero la noción de placer como aquella "disposición constante" queda insertada al Bien constitutivo. Asimismo, Aristóteles, en el libro I de *Política*, propone que como el hombre tiene la capacidad del uso de la palabra (λόγος) y de percibir sensaciones de placer y dolor que logra significar, entonces, lo placentero será lo apropiado con respecto a lo justo.[65] Así se describe una noción del placer puro (constante) dirigido al Bien, como ausencia de dolor, y un placer relativo, constreñido por la misma experiencia del dolor. De esta manera, habrá que distinguir que la noción griega del placer, más allá del hedonismo, sitúa a esta categoría en un ámbito de la deontología. Incluso, recordemos que el ἡδονή siempre iba acompañado de un sentido político, es decir, el placer siempre en virtud de la *polis* para alcanzar la *areté* o la excelencia.

Cabe mencionar que las posturas filosóficas del placer en Platón y Aristóteles, nos colocan ante un discernimiento de dos fuentes contrarias: una negativa y otra positiva. Como lo analiza Schuster en *The Trouble with Pleasure*,[66] estamos ante dos maneras de concebir el placer. Por un lado, la noción del placer se puede definir como un asunto negativo, es decir, ante la disminución de la tensión tras un largo periodo de excitación, lo que se encuentra es el alivio. Dicho de otra manera, el placer solamente llegará a acontecer tras la huida del displacer, ya que al no ser constante entonces su registro quedará dentro de los confines de su negatividad: el placer restituye el equilibrio perdido. Dice Schuster sobre esta postura: "Lo que realmente impulsa la vida es el dolor y el deseo de escapar de él; el placer solo es un alivio efímero en la corriente más grande del deseo y sufrimiento".[67] Esta postura es la de Platón, misma que se le acerca al *Proyecto de psicología* de Freud. Por otro lado, nos encontramos con la definición positiva del placer, una que lo marca como

---

[65] Aristóteles, *Política* [1253a]. Madrid, Istmo, 2005, pp. 99-100.
[66] Aaron Schuster, *The Trouble with Pleasure*. Cambridge, Massachusetts, MIT Press, 2016.
[67] *Ibid.*, p. 102. (La traducción es mía).

la florescencia de la vida, una energía vital. Al no ser concebido como un movimiento, sino más como un descanso o inmovilidad, el placer es presentado por Aristóteles como la perfección de una actividad inmanente, es decir, el placer no es un proceso restitutivo sino la más alta expresión de salud y vitalidad. Así lo afirma Schuster siguiendo el postulado aristotélico: "El placer no es un estado psicológico, sino un estado del mundo".[68] En este sentido, no hay mundanería ni paso del ser sin el placer que convoque a una apertura con el mundo.

Por lo tanto, desde los griegos, encontramos dos vertientes al entendimiento del ἡδονή: mientras una postura (negativa) coloca al placer como la cicatriz de una falta, la otra postura (positiva) lo concibe como la perfección de una actividad. Subsecuentemente, no fue sino hasta después del Renacimiento que la función biológica del placer cobró mayor importancia, de tal manera que Telesio lo consideraba como una función vital para la conservación del organismo. Asimismo, Descartes le atribuyó un carácter de emoción, mientras otros, como Spinoza, lo definen equivalente a una pasión. A partir de Hobbes, que retoma la función biológica del placer, se demostró que el placer es un efecto ante la receptividad o repulsión de alguno de los sentidos. En este caso, se estableció que el placer era una experiencia netamente de la percepción, de tal manera que uno se podría cuestionar si el placer era real o fantaseado. Posteriormente, la corriente hedonista, que se expresaba en contra de reducir el placer a un mero sentimiento, llegó a ubicarlo como un pilar del sustento moral, ya que si una acción libre es una acción deseada, todo lo que deseamos está motivado por el placer que resulta de dicha acción.[69]

Por su parte, la psicología moderna ha ubicado la noción del placer a una mera cuestión de receptividad y respuesta. En algunos casos, el placer se encasilla dentro de los fundamentos del afecto, como lo demuestra la teoría de Tomkins, misma que incluye al afecto como impulsor de toda motivación e inclusive afirma la presencia de afectos (*innate affects*) defi-

---

[68] *Ibid.*, p. 104. (La traducción es mía).
[69] J. C. B. Gosling, *Pleasure and desire*. Oxford, Clarendon, 1969.

nidos desde el origen de la vida.[70] No obstante, es a partir del *Proyecto de psicología* donde Freud ofrece una alternativa para pensar el carácter metapsicológico del placer sin descuidar su fuente orgánica. Si bien es cierto que Freud parte de su formación como neurólogo al posicionar el dolor como la primera experiencia de vida, que además impulsa al principio de placer, su dominio no queda en un plano netamente biológico. Conforme toma distancia de su herencia médica hacia el imperio de lo psíquico, encontramos que toda fuente (*Quelle*) pulsional debe su carácter originario en el cuerpo: "[...] aunque para la pulsión lo absolutamente decisivo es su origen en la fuente somática, dentro de la vida anímica no nos es conocida de otro modo que por sus metas".[71] A pesar del origen somático de la pulsión y a partir de la investidura libidinal en lo psíquico, entendido como la meta impuesta por la exigencia de trabajo psíquico, el placer tendrá un carácter esencial en la composición del aparato psíquico, sobre todo en la pulsiones de auto-conservación que cobijan el desarrollo del yo. En este sentido, Widlöcher destaca la importancia de distinguir el placer físico como una función expresiva, mientras que puntualiza al placer psíquico como algo más complejo. Aunque el modelo de referencia de este último sea sobre la base del placer orgánico, Widlöcher aclara que esta teoría siempre apunta hacia dos mecanismos inseparables para lograr el placer: la satisfacción de una tendencia y el ahorro mínimo de energía.[72] Así, la aportación metapsicológica que produce el mecanismo del placer, según Widlöcher, es que nos arroja criterios funcionales para establecer diferencias estructurales en el aparato psíquico, esto es, podemos distinguir que ante un paciente, no es lo mismo la descarga directa que lograr la satisfacción (aunque sea parcial). El placer físico expresa mientras que el placer psíquico conserva.

De acuerdo a Monique David-Ménard, lo que hace que cada ser humano sea un individuo singular, diferente a todos los demás, es la historia

---

[70] Donald L. Nathanson, "Project for the Study of Emotion", en R. A. Glick y S. Bone (eds.), *op. cit.*, pp. 81-110.

[71] S. Freud, "Pulsiones y destinos de pulsión", en *op. cit.*, t. xiv, p. 119.

[72] Daniel Widlöcher, "L'économie du plaisir", en *Nouvelle Revue de Psychanalyse*, núm. 3, 1971, pp. 161-175.

de sus placeres y sus sufrimientos.[73] Así afirma que aunque todo placer sea excesivo por antonomasia, esto no significa que sea irracional. Por su parte, Aulagnier insiste en que las fuentes del yo parten de dos sucesos: el placer y el sufrimiento. Mientras que sea fundamental que un tipo de placer sea fantasmeado, otro requiere del esfuerzo por experimentar un placer real en donde los objetos que caen en la escena de la realidad brinden una satisfacción y logren una cuota de placer mínimo. Este último tipo de placer Aulagnier lo define como placer necesario, mismo que brinda las condiciones de vida del yo, o para que la vida del yo sea posible. Al tener como condiciones necesarias de este placer (mínimo) un cuerpo apto habitable, haber sido investido por un portavoz, conservar un mínimo de investidura de representaciones y estar ante otro yo (humano), lo que se agregará será la montadura de un placer suficiente, es decir, aquél placer que permita develar *los posibles del yo* en la vida El placer suficiente añade una cuota fundamental al hacerle ver al ser viviente que en su encuentro con el mundo, su cuidado no solo queda reducido a la necesidad sino al amor y deseo del otro hacia él: "La experiencia de placer del yo es, por la misma razón, dependiente de su relación con el yo del otro, y de una relación, ignorada por él, con las construcciones de su propio inconsciente".[74] De cierta manera, esto nos acercaría al concepto de "gratificación" (*gratification*) en la tradición kleiniana.

En otro orden de ideas, cabe destacar que una crítica que se le ha hecho a la definición freudiana del placer es que ésta se somete al rigor de la represión. Según Adam Phillips, en psicoanálisis se está acostumbrado a trabajar el placer como algo prohibido, ya que ha quedado reprimido dada la naturaleza trasgresora del deseo: "Todo lo prohibido puede ser redescrito como ultimadamente deseable".[75] No obstante, lo que Phillips alega es que si lo prohibido define las coordenadas del deseo, dado que es aquello que lo impulsa por alcanzar, esto implica cierto control sobre el libre flujo del placer (y hasta el sexo). En su lugar, Phillips propone repensar la noción de placer "prohibido" y enfocarse en los placeres no

---

[73] Monique David-Ménard, *Todo el placer es mío*. Barcelona, Paidós, 2001.
[74] Piera Aulagnier, *Los destinos del placer*. Buenos Aires, Paidós, 1994, p. 179.
[75] Adam Phillips, *Unforbidden Pleasures*. Nueva York, Farrar, Straus & Giroux, 2016, p. 125.

prohibidos (*unforbidden pleasures*) como el juego, la imaginación o la abstracción, para no delimitar todo deseo a una adherencia ilícita. Así lo explica: "Lo prohibido nos mantiene diferentes a nosotros mismos; lo no prohibido nos mantiene igual que a nosotros mismos".[76] Este último planteamiento no está exento de generar controversias teóricas y clínicas, por lo que vemos que la noción de placer es mucho más compleja que una mera definición reduccionista que lo adscribe a un orden biológico. Incluso la palabra *Lust*, como veremos más adelante, resulta difícil de asir, mientras que este concepto permaneció, a lo largo de la obra freudiana, como un misterio indescifrable, tal como lo explicitó Freud en 1924:

> [...] placer y displacer no pueden ser referidos al aumento o la disminución de una cantidad, que llamamos "tensión de estímulo", si bien es evidente que tienen mucho que ver con este factor. Parecieran no depender de este factor cuantitativo, sino de un carácter de él, que sólo podemos calificar de cualitativo. Estaríamos mucho más adelantados en la psicología si supiésemos indicar este carácter cualitativo. Quizá sea el <ritmo>, el ciclo temporal de las alteraciones, subidas y caídas de la cantidad de estímulo; *no lo sabemos*.[77]

Pues bien, ¿a dónde se dirige todo el placer (o los placeres) durante la etapa de no-diferenciación? Si seguimos con detenimiento la obra freudiana, la respuesta está señalada desde un inicio: todo el placer está puesto sobre el núcleo anterior al yo, en un cuerpo erógeno que fomenta lo que se denominará un yo-cuerpo, esencial para la aparición del yo-placer. Por lo tanto, Freud demuestra que en un principio toda experiencia que cause displacer e irrumpa la economía libidinal tendrá como efecto una resistencia; es decir, a partir de la aparición de un yo-placer al servicio del principio de placer, cualquier liberación de energía tendrá

---

[76] *Ibid.*, p. 159.
[77] S. Freud, "El problema económico del masoquismo", en *op. cit.*, t. xix, p. 166. (Las cursivas son mías).

como objetivo el ahorro libidinal para el incremento de la auto-conservación del núcleo del yo. Dicho de otra manera, el aparato psíquico ya no solo solicitará el placer como medio regulador de su homeostasis, sino que transmudará el displacer en una experiencia de satisfacción, de tal manera que lo que se conserve sea el primado de las investiduras yoicas entendidas como la piel del narcisismo. Todo exceso de placer será un aditamento para el cuerpo erógeno provisto de las herramientas del autoerotismo. En este caso, el cuerpo no será más que cuerpo-placer para sí mismo y nada más. Por lo tanto, cuando Freud identifica en *Proyecto de psicología* a las investiduras colaterales impuestas como decurso de $Q\acute{\eta}$, esta artimaña tendrá un efecto inusitado: forjará inhibiciones a procesos psíquicos primarios a la par de que se obtengan otras ventajas psíquicas. Dice Freud: "El yo [consigue] mediante una vasta investidura colateral —que si es necesario se puede reforzar— inhibir el decurso que va de la imagen-recuerdo al desprendimiento de displacer".[78] Además de inhibir la carga de excitación como fuente de tensión y evitar un mayor displacer para así alcanzar cuotas de placer, dicha inhibición permitirá un movimiento sustancial para el desplazamiento entre el proceso primario (descarga inmediata) y el proceso secundario (trabajo de pensar). Como lo expresan Rechardt e Ikonen: "[...] el placer puede incluso ser representado por algo diferente de la gratificación producida por las funciones vitales originales".[79] Esto es, el placer más allá de las funciones vitales.

Si existe un texto al cual Freud siempre regresó a lo largo de los años para repensar sus descubrimientos, editar y modificar sus tesis principales, fue precisamente el libro donde plasma su teoría sexual. En *Tres ensayos de teoría sexual* podemos entender que Freud no solamente entrega un tratado de la pulsión, sino que permite incluso una nosografía especular sobre las categorías y tipos de placeres que experimenta cada individuo. En un inicio, vemos que Freud divide el placer en dos tiempos: un placer previo, cuyo designio es la pulsión

---

[78] S. Freud, "Proyecto de psicología", en *op. cit.*, t. I, p. 369.
[79] Eero Rechardt y Pentti Ikonen, "A propósito de la interpretación de la pulsión de muerte", en André Green, Pentti Ikonen, Jean Laplanche, Eero Rechardt, Hanna Segal, Daniel Widlöcher y Clifford Yorke, *La pulsión de muerte*. Buenos Aires, Amorrortu, 2008, pp. 79-96.

sexual infantil, y un placer final o "placer de satisfacción de la actividad sexual",[80] mismo que implica lo nuevo. Aún más, como lo demuestra Schuster,[81] Freud propone la existencia de cuatro tipos de placeres: 1) placer final (*Endlust*), que consiste en un alivio de la tensión sexual y el retorno del aparato psíquico a un estado inalterado, básicamente se refiere al placer del orgasmo; 2) placer de órgano (*Organlust*), mismo que inaugura la apertura de las zonas erógenas y cuya finalidad no tiene un propósito vital sino meramente desviar la satisfacción de las metas instintivas y funcionales del cuerpo hacia otros destinos; 3) placer previo (*Vorlust*), mismo que define el placer en la tensión y acumulación de la energía de las pulsiones, entendido como la antesala del placer final y que encuentra sus cimientos en la sexualidad infantil; 4) placer-en-el-movimiento (*Bewegungsempfindungen*, literalmente "sensaciones kinestésicas"), que lo demuestra no solo las excitaciones mecánicas del cuerpo como las acciones musculares sino también el sacudimiento del aparato articular y sensorial. Como se puede observar, la noción freudiana de placer no es tan simple: mientras que el placer final es, en efecto, el final del placer, el placer previo, montado sobre la apertura de las zonas erógenas o los movimientos musculares, exige el placer perpetuo e inagotable. Así, estamos ante una contradicción que tiene como campo de batalla al propio cuerpo. Es cierto que el placer no se puede reducir exclusivamente a la experiencia autoerótica, dado que existen otros tipos de placeres, i.e., estéticos, sociales, carnales, y sobre todo aquellos que veremos con respecto a lo sexual y la presencia del otro. No olvidemos que Barthes, al retomar a Sade, destaca la importancia del placer de la lectura proveniente de ciertas rupturas o choques, incluso afirma que "el placer del texto no es forzosamente un placer de tipo triunfante, heroico, musculoso".[82] No obstante, durante este estado de no-diferenciación, pareciera que lo que está en juego de manera constitutiva es la siguiente fórmula: ¡Todo el placer es mío!

---

[80] S. Freud, "Tres ensayos de teoría sexual", en *op. cit.*, t. VII, p. 192.
[81] A. Schuster, *op. cit.*, pp. 109-120.
[82] Roland Barthes, *El placer del texto y lección inaugural*. México, Siglo XXI, 1984, p. 32.

Cuando Freud anuncia que el paso de un principio a otro —del placer a la realidad— no queda exento de múltiples irrupciones, lo que devela es una escisión dinámica. Aunque ambos principios sean maneras internas de regular al aparato psíquico, es necesario tomar en cuenta lo que está en juego como añadidura a este trabajo psíquico, incluso fantasmático: la realidad. Si el placer máximo es aquel que se procura el yo para sí mismo, ya sea por la vía alucinatoria o la fantasía, entonces, ¿porqué se necesita de una garantía puesta en el mundo exterior, sobre todo en el otro (diferenciado)? ¿Qué viene a implementar el principio de realidad?

De la misma manera que abordamos el *placer*, encontramos que existen algunas lecturas psicoanalíticas con respecto al concepto *realidad* (y el principio de realidad) que hacen de esta noción una barahúnda de voces entrecruzadas. En psicoanálisis, por lo general, la realidad se entiende como aquello opuesto a la fantasía, en un sentido de que comprende la materialidad de los objetos existentes a diferencia de los objetos internos. La materialidad de las cosas es lo que activa un mundo afuera del sujeto, aunque éstas permanezcan cobijadas por ilusiones e ideologías. No obstante, Lagache enfatiza que dicha oposición entre fantasía y realidad nunca es tan radical, y que mucho de este antagonismo se debe a una insistencia de cierta objetividad como una regla moral de las ciencias. En lugar de hablar de objetos externos o reales, Lagache prefiere denominar esos objetos del mundo como "objetos independientes", esto es, independientes de la fantasía. Puesto que fantasía y realidad están estrechamente imbricadas, Lagache propone lo siguiente: "La realidad no es sólo una fantasía *acerca* del otro, sino también es en gran medida la fantasía *del* otro".[83] Por su parte, aunque Klein centra su trabajo psicoanalítico específicamente en el mundo de la fantasía, cabe destacar que sí puntualiza sobre los efectos que ocasionan los factores externos (i.e. la actitud de la madre) sobre el desarrollo psíquico del bebé.[84] Asimismo, en su reflexión del 17 de febrero de 1960, Bion expone que a pesar de

---

[83] Daniel Lagache, "Fantasy, reality and truth", en *The Works of Daniel Lagache. Selected Papers (1938-1964)*. Londres, Karnac, 1993, p. 267. (La traducción es mía).
[84] Melanie Klein, "Sobre el desarrollo del funcionamiento mental", en *Obras completas. Envidia y gratitud*, t. 3. Buenos Aires, Paidós, 1988, pp. 241-250.

que no haya mucha distinción entre el mundo interno del infante y el mundo externo de los objetos, él define a los objetos-proto-reales, que pertenecen a la proto-realidad, como los primeros objetos de existencia más allá de la conservación de sus huellas sensoriales dentro del aparato psíquico, es decir, anterior al establecimiento del principio de realidad.[85] No obstante, una experiencia de dolor intenso y perdurable puede ocasionar que su permanencia en la psique se difumine por completo. (Agreguemos que Winnicott diferencia entre un "objeto-subjetivo" y un "objeto-objetivo".) Por su parte, cabe mencionar que White, retomando algunos postulados de la psicología del yo, enfatiza una predisposición en el infante por construir un mundo real a partir de las acciones que toma al explorar la realidad y sus consecuencias. White dice: "Mi hipótesis principal equipa al niño desde el comienzo con un tipo de energía y un tipo de estructura que lo predisponen a construir un mundo real, objetivo y estable".[86] No obstante, la energía de la cual habla White debe su fundamento a que es un tipo de energía neutralizada, como lo expone Anna Freud, esto es, la energía ya no es utilizada por la pulsión y ahora es puesta en el mundo; para conocer el mundo se neutraliza el derivado pulsional. Como podemos ver, este último giro teórico dista mucho del planteamiento metapsicológico de Freud.

Asimismo, encontramos diversas alusiones al funcionamiento del principio de realidad, mismo que mantiene una relación estrecha con la realidad. Ya desde 1936, en su conferencia titulada "Más allá del 'Principio de realidad'",[87] dictada en el XIV congreso de la IPA en Marienbad, Lacan establece una crítica que lo acompañará a lo largo de su obra, denunciando a una generación de psicoanalistas que promueven y defienden un nuevo positivismo dentro del psicoanálisis, siendo apoyados por un cientificismo que excluye al lenguaje dentro del edificio de la noción del sujeto.

---

[85] Wilfred R. Bion, "Cogitations", en *The Complete Works of W.R. Bion*, t. XI. Londres, Karnac, 2014, pp. 129-130.

[86] Robert W. White, *El yo y la realidad en la teoría psicoanalítica*. Buenos Aires, Paidós, 1973, p. 62.

[87] Jacques Lacan, "Más allá del 'Principio de realidad'", en *Escritos 1*. México, Siglo XXI, 2009, pp. 81-98.

Para Lacan, el mundo al cual el infante es arrojado es mejor entendido como una red de significantes, es decir, no se nace a la nada sino a una estructura lingüística. Es así que define que el mayor acierto de Freud fue haberle dado un lugar a la realidad psíquica, espacio de relaciones psíquicas compuestas de complejos, signos y significantes. No obstante, Lacan insiste en los desvíos que pueden ocasionar los supuestos imaginarios sobre el conocimiento del sujeto, ilusiones que ayudan a construir *su* realidad, espacio en donde se realiza nuestro trabajo psicoanalítico pero ya no tanto del lado de su valor positivo en la realidad. Así concluye Lacan su ponencia: "[Freud] propone un '*principio de realidad*' cuya crítica, dentro de su doctrina, constituye el fin de nuestro trabajo".[88] En resumen, el funcionamiento del aparato psíquico (incluyendo el principio de realidad) solo es posible a través y centrándose *en* y *por* el lenguaje.

Veinte años después, en el auge estadounidense del psicoanálisis de los años cincuenta, Hartmann propone su postura con respecto al principio de realidad. Al hacer énfasis en el aplazamiento y la anticipación como dos funciones elementales del yo, Hartmann establece a éste último como un agente activo que busca regular la influencia del mundo exterior sobre el individuo, además de forjar la renuncia del principio de placer. Para Hartmann, la función del principio de realidad es que sea adaptativo y que renuncie a la descarga directa de las pulsiones, es decir, que modifique el principio de placer delegando su operación exclusivamente del lado de las funciones del yo. Dice Hartmann: "[El principio de realidad] es ciertamente un principio del yo; esto es, el concepto de las tendencias que atribuimos al principio de realidad es idéntico al de un grupo de funciones del yo (aunque no del yo como un todo)".[89] Aunque Hartmann sea partidario de que el principio de realidad busque aplazar la satisfacción y brinde una mayor tolerancia al displacer, sí define a este principio en términos de objetivación. Mientras que las condiciones del placer cambian debido a la instauración del principio de realidad, éstas son reducidas a incentivos que registra este principio como detector de

---

[88] *Ibid.*, p. 98.
[89] Heinz Hartmann, *Ensayos sobre la psicología del yo*. México, FCE, 1969, p. 216.

respuestas positivas en el mundo. Por último, Hartmann define que la imagen que recibimos de la realidad proviene de aquellos primeros objetos de amor —usualmente los padres—, en lo que él define como la realidad convencional (o conocimiento socializado) a diferencia de la realidad científica. Este planteamiento, aunque audaz en tratar de desmenuzar su complejidad, no resuelve mucho del intercambio que subsiste entre el sujeto y el mundo.

Quizá un planteamiento que nos brinde un mejor entendimiento para ello es el que nos ofrece el "punto de amarre" entre el yo y la realidad. Según Aulagnier, se requieren de tres condiciones para que la realidad sea compatible con el ser viviente: 1) permitir la preservación del funcionamiento del cuerpo; 2) permitir la preservación del funcionamiento de la actividad de representación; 3) brindar las condiciones necesarias para el funcionamiento psíquico del yo.[90] Si desde lo originario la realidad es un "no-existente", el encuentro entre la psique y el mundo requiere, a su vez, de cierto índice de realidad, esto es, el punto de amarre entre ambos se debe a una complicidad de los dos procesos psíquicos fundacionales, lo originario y lo primario. Esto quiere decir que para que el yo invista la realidad, la realidad fantasmática debe tener cierta relación con la realidad hallada: la representación pictográfica y fantasmática serán sus motores principales, más no los únicos.

En los últimos años, la tradición filosófica ha tenido un resurgimiento del interés por el realismo. Mucho se debe a la publicación, en 2006, del libro de Quentin Meillassoux, *Después de la finitud*,[91] mismo que dio paso a que se estableciera una nueva corriente filosófica denominada como "realismo especulativo" (*speculative realism*), "ontología orientada a objetos" (*object-oriented ontology*), o llanamente "el nuevo realismo".[92] No es de nuestro interés profundizar sobre este tema aquí, sin embargo, cabe mencionar una crítica importante que hace Zupančič al establecer cómicamente una "ontología desorientada a objetos" (*object-disoriented*

---

[90] P. Aulagnier, *op. cit.*, p. 175.
[91] Quentin Meillassoux, *Después de la finitud*. Buenos Aires, Caja Negra, 2015.
[92] Mario Teodoro Ramírez (coord.), *El nuevo realismo*. México, Siglo XXI | Universidad Michoacana de San Nicolás de Hidalgo, 2016.

ontology). Aunque la fantasía entendida como el orden de lo imaginario sea una pantalla que cubre lo real lacaniano, aquello que está ahí desde un inicio, la clave está en la articulación que subsiste entre el discurso y esto último. Así, define que para Lacan el verdadero materialismo (o realismo, si nos permitimos extender este concepto) no es otro más que el materialismo dialéctico: "[éste] no está fundado en la primacía de la materia, ni en la materia como primer principio, sino en la noción de conflicto o contradicción, de división, y del 'paralaje de lo real' que esto produce".[93] En este sentido, la tesis de Zupančič se centra no tanto en la materialidad de las cosas, sino en el corte primordial que existe entre el discurso y lo real, o sea, entre el sujeto y el mundo. Esta escisión es lo que Zupančič no encuentra en las proposiciones del "nuevo realismo", ya que su planteamiento, y sobre todo el de Meillassoux, no destaca la primicia de un corte sino más bien de un continuo (*continuum*). Lo real, al ser destacado por Lacan dentro del orden de lo imposible, hace que, entonces, la exterioridad sea independiente a nosotros, provocando forzosamente un corte inherente en la relación entre nosotros y la realidad. Así, lo que contribuye el psicoanálisis es que a partir de este corte fundacional la significación de la realidad siempre vendrá con una adición inesperada: el inconsciente.

Por último, cabe mencionar aquellas perspectivas intermediarias que relacionan placer y realidad como no excluyentes. En su texto, "Los placeres de la repetición",[94] Judith Butler hilvana placer con realidad no como entidades separadas sino como fuente de un encuentro de experiencia mutua. Apoyándose en la fenomenología de Husserl, dice: "[...] el carácter intencional de la consciencia es su *relación* (*relatedness*) al mundo en el que se encuentra y que ofrece los distintos objetos de su experiencia. En palabras de Husserl, 'la conciencia es siempre conciencia de algo', lo cual significa que la conciencia no es nunca completamente auto-referencial, que sólo puede tomarse a sí misma como objeto cuando ese 'sí mismo' (*self*) es proyectado o determinado

---

[93] Alenka Zupančič, *What is sex?*. Cambridge, Massachusetts, MIT Press, 2017, p. 78.
[94] Judith Butler, *Resistencias*. México, Paradiso editores, 2018.

en un mundo compensatorio".[95] En este sentido, el planteamiento que demuestra Butler es que el placer no es una sustancia o un estado ni tampoco un principio sino la emergencia forzosa de un objeto significativo, usualmente encontrado en el mundo, que hace que el placer acontezca. Sin objeto, de acuerdo a Butler, no hay placer, por lo que el individuo, es decir, la intencionalidad del ser, siempre estará en relación con otro. El placer solo tendrá sentido si está relacionado con su objeto. Por lo tanto, cabe mencionar, ¿qué sucede con las pulsiones de auto-conservación? ¿Cuál es su intencionalidad? ¿Acaso se hace surgir al objeto o alimentar el estado que precisamente carece del mismo?

Ahora bien, el problema de la realidad, indiscutiblemente, nos coloca junto a la cuestión de la verdad, aunque ambas no sean equivalentes ni sinónimos. Por su parte, Lagache propone un principio de verdad que dirija al sujeto a un "mundo común", entendido como una "comunidad de mentes intersubjetivas" como lo establece Husserl. Según Lagache, "[e]l principio de verdad nos permitiría ir más allá de la antítesis fantasía-realidad".[96] No obstante, esto tiene sus complicaciones tal como nos lo demuestra Freud en *Moisés y la religión monoteísta*,[97] en donde establece la existencia de dos verdades: la verdad histórica y la verdad material. La verdad histórica se refiere al desarrollo histórico ontogenético que sentó algo por verdadero en ciertos periodos de la vida infantil. Esta verdad no es la verdad del historiador. Por otro lado, la verdad material es aquella que puede superar la verdad histórica no sin tanto suprimirla, al establecer una estrecha relación con la realidad material. En este sentido, según Green, el encuentro transferencial y contra-transferencial que se suscita dentro del consultorio del psicoanalista hace que la verdad, que incluye la realidad de otros y que no es corruptible, sea, en efecto, una co-verdad. Así, pasar del narcisismo primario a la tarea que nos exige la verdad material es un paso aunque difícil de asir no menos fructuoso si se evita. Dice Green: "[...] teniendo que renunciar a las comodidades del Uno seríamos menos perdedores

---

[95] *Ibid.*, p. 77.
[96] D. Lagache, *op. cit.*, p. 267.
[97] S. Freud, "Moisés y la religión monoteísta", en *op. cit.*, t. XXIII, pp. 1-132.

de lo que creemos, porque habríamos adquirido la ventaja —pero también la difícil tarea— de sustituirle la *relación* entre verdad histórica y verdad material".[98] O como dijo alguna vez Kiarostami: "La mentira es el único acceso que tenemos a la verdad".

Como podemos ver, el planteamiento de la realidad dentro de la tradición psicoanalítica tiene un distanciamiento considerable con respecto al planteamiento central de la *physis* de los presocráticos, o la *adaequatio* medieval. Por lo tanto, si partimos de que la realidad también merece un acercamiento metapsicológico, no nos sorprenderá encontrar en Freud una definición tripartita de la realidad, entendida como el mundo al cual somos arrojados. Freud determina que éste debe cumplir con tres características: tiene que ser externo, real y objetivo.[99]

¿Qué es la realidad para Freud? En este sentido, podemos aseverar que la realidad en psicoanálisis —psíquica, por excelencia— no puede ser entendida si no es a partir del examen del placer previo (*Vorlust*) que ha construido una primera realidad, un mundo interno propio del individuo, el lienzo proyectivo del narcisismo sobre el mundo a partir del fenómeno de especularización. Recordemos que para Hartmann, en un paso teórico que no podemos aceptar, la realidad psíquica era diferente a la realidad interna, pues esta última daba cuenta de los contenidos psíquicos que eran "reales" a diferencia de la fantasía que no era realista.[100] Sin embargo, la realidad (externa), en este primer (¿o segundo?) encuentro aparentemente opuesto de binomios, puede ser entendida de otra manera: la realidad es el principal causante de displacer. Incluso Loewald se refiere a la realidad siendo vinculada con la figura del padre pues instituye la amenaza de castración: "La realidad, entonces, es representada por el padre que como una fuerza extranjera, hostil y celosa del vínculo íntimo entre la madre y el niño, obliga

---

[98] André Green, *La metapsicología revisitada*. Buenos Aires, EUDEBA, 1996, p. 366.
[99] S. Freud, "Formulaciones sobre los dos principios del acaecer psíquico", en *op. cit.*, t. XII, p. 224.
[100] H. Hartmann, *op. cit.*, pp. 234-235.

al infante a la sumisión para que busque la protección del padre".[101] Efectivamente, en su encuentro con la realidad, el yo-placer, a través de las investiduras yoicas, mantendrá alejada toda noción de displacer ante lo cual edificará resistencias con tal de no ceder en la satisfacción fantaseada. Así lo expresa Green con respecto a los peligros del narcisismo: "Lo que hace del narcisismo un estado mortífero es sin duda la autosuficiencia que veda todo intercambio verdadero, o limita los intercambios a relaciones especulares, condenando a la esclerosis al sistema cerrado que él constituye [...]".[102] Es como si el yo precario se dijera a sí mismo: ¡Primero la muerte antes que la renuncia!

Por lo tanto, Freud describe que en este paso se debe de tener en cuenta cierta abdicación aunque sea desapacible. Así lo dice:

> Sólo la ausencia de la satisfacción esperada, el desengaño, trajo por consecuencia que se abandonase ese intento de satisfacción por vía alucinatoria. [...] el aparato psíquico debió resolverse a representar las constelaciones reales del mundo exterior y a procurar la alteración real. Así, se introdujo un nuevo principio en la actividad psíquica; ya no se representó lo que era agradable, sino lo que era real, aunque fuese desagradable.[103]

La realidad, en este sentido, introduce lo desagradable en la figura inmodificable del narcisismo. Es por ello que al dar un paso hacia delante para esclarecer aquel "paso grávido de consecuencias", de un principio a otro, la división que sufren los conceptos constata que la categoría de placer mereció su plena justificación a una respuesta metapsicológica más allá de los sentidos o la moral. El concepto *placer*, que es agitado por la realidad, tiene consecuencias no solo en la escisión que sufre el sujeto, sino también en el ocaso del ser en su desdoblamiento en el

---

[101] Hans Loewald, "Ego and reality", en *Papers on psychoanalysis*. New Haven, Connecticut, Yale University Press, 1980, p. 7. (La traducción es mía).

[102] A. Green, *op. cit.*, p. 356.

[103] S. Freud, "Formulaciones sobre los dos principios del acaecer psíquico", en *op. cit.*, t. XII, p. 224.

mundo. Incluso Safouan afirma que el placer, muchas veces, sirve de soporte estructural: "El sujeto obtiene placer de las representaciones en tanto que sirven como soportes de sus identificaciones simbólicas. [...] es gracias a la identificación que el ser (*being*) queda instalado y ordenado a ser (*to be*)".[104] De esta misma manera, Safouan concluye: "El placer inconsciente está situado no en el orden del tener (*having*) sino del ser (*being*); en la medida en que el ser también está posado en referencia a este imaginario [la imagen corporal]".[105] Así, entendemos a pleno que el concepto *placer*, al procurar la conservación de un estadio previo al yo integrado y diferenciado, será colocado como el trono de la figura del eclipse, es decir, representará meramente el placer auto-dirigido a la conservación del narcisismo primario. Por lo tanto, podemos llegar a la siguiente conclusión: si de algo trata la realidad en el momento originario será precisamente de enfatizar que la *primera* realidad que se construye —a merced y con asistencia de la *segunda* realidad, esto es, la externa— es necesariamente la edificación de la realidad del cuerpo.

¿Qué hay, entonces, de inconveniente en el manifiesto que hemos realizado acerca del placer (*Lust*)? El mismo Freud, al utilizar la palabra alemana *Lust*, sabía de las desavenencias que ocasionaba dicho vocablo. En dos notas al pie de página de *Tres ensayos de teoría sexual*, una siendo agregada en 1910, Freud expresa atentamente su preocupación: "La única palabra adecuada en lengua alemana, <*Lust*>, ("placer", "gana"), es por desgracia multívoca, ya que designa tanto la sensación de la necesidad como la de la satisfacción".[106] Mientras que esta nota hace referencia al por qué Freud decidió utilizar la palabra "libido" para expresar "pulsión sexual", la siguiente nota es mucho más precisa al explicar su uso de la palabra "placer":

> Es por demás instructivo que la lengua alemana tome en cuenta, en la acepción de la palabra <*Lust*>, el papel de las excitacio-

---

nes sexuales preliminares, mencionado en el texto, que simultáneamente ofrecen una cuota de satisfacción y contribuyen a la tensión sexual. <Lust> tiene doble significado, y designa tanto la sensación de la tensión sexual ("*Ich habe Lust*" = "Me gustaría", "Siento ganas de") como la de la satisfacción.[107]

En su artículo "Pleasure, object and libido" ("Placer, objeto y libido"), Balint también se detiene en observar las dificultades que trae utilizar la palabra *Lust* en el idioma inglés, sobre todo en referencia a la primera nota de Freud cuando aduce al vocablo "libido". Según Balint, la palabra *lust*, en inglés, significa precisamente lo que Freud quiso definir: esfuerzo o empuje sexual. No obstante, una ola de traductores angloparlantes decidieron mantener el uso de "libido" en lugar de "deseo" o "placer". ¿Por qué? Parece que *lust*, en inglés, debió su origen a una tradición bíblica y que gradualmente se deformó hasta significar algo pecaminoso (*sinful*). Al ver la divergencia de la palabra en ambos idiomas, Balint dice: "En alemán, *Lust*, gradualmente, pero no por completo, perdió su significado de deseo sexual, además de que en la teoría psicoanalítica en particular, ahora denota todo tipo de sentimientos placenteros tanto sexuales como asexuales. [...] En inglés, no obstante, *lust* se convirtió cada vez más sexual, además de que ha perdido totalmente su significado de gratificación".[108] En este sentido, lo que argumenta Balint es que la palabra *Lust*, al no ser traducida en inglés por *lust* sino como "libido" se ha empobrecido en su sentido original al transformarse con el paso del tiempo en "un concepto bien educado, apenas sexual, casi mítico y hasta nebuloso".[109]

Vale la pena mencionar de paso el atinado análisis que también hace Laplanche con respecto al uso polisémico cuando Freud utiliza este

---

[107] *Ibid.*, p. 194, n. 7.
[108] Michael Balint, "Pleasure, object and libido", en *Problems of Human Pleasure and Behaviour*. Londres, Maresfield Library, 1987, p. 282.
[109] *Ibid.*, p. 283.

vocablo.[110] Mientras muchas palabras de uso cotidiano conservan una raíz latina, en el caso especial de Freud, hay que tomar en cuenta que mucho del lenguaje que utiliza también debe su proceder a una fuente etimológica germánica. Es así que Laplanche, tal como lo demostró Freud, identifica acertadamente que al utilizar la palabra *Lust*, desde su raíz germánica, ésta puede significar dos cosas: placer o deseo. Para Laplanche, el *Lust* que va allegado al placer (*pleasure*) debe su manifestación en un intento por descargar toda tensión y cumplir una relajación total, mientras que el *Lust* que alude al deseo (*desire*) encuentra su devenir en el mantenimiento de la misma excitación. Dice Laplanche: "Entonces, *Lust* es sinónimo en ocasiones a 'pulsión', a 'libido', 'instar a', 'deseo por', y a la 'búsqueda por el desequilibrio'. En este caso, la saciedad nunca es lograda".[111] Efectivamente, nos volvemos a encontrar con la contradicción adherente al placer: ¿cancelación de toda excitación o conservación de la misma? ¿Placer final o placer previo?

Por su parte, Lacan fue muy cuidadoso en no confundir *Lust* y *Wunsch*. A pesar de que el primer término presenta la doble acepción de significar tanto placer como deseo, como hemos visto, Lacan diferencia el placer como lo que fija los límites del alcance humano de manera homeostática, mientras que el deseo surca esos límites y en relación a ello se sostiene.[112] En este sentido, el placer arroja al individuo a la experiencia más allegada al *Lust*, a la regulación de homeostasis libidinal de auto-conservación del organismo con un desenlace mortal.

Si para Freud, en un inicio, la pulsión es autoerótica y carece de un objeto que logre su meta (satisfacción), entonces, ¿cuál es la función que cumple la realidad para obnubilar este estado primordial? Dicho de otra manera, ¿por qué el individuo debe pasar del principio de placer al principio de realidad, independientemente de que sus esfuerzos alucinatorios hayan fracasado y las necesidades básicas exijan una sa-

---

[110] J. Laplanche, "Drive and instinct: Distinctions, oppositions, supports and intertwinings", en *Freud and the sexual*. Londres, International Psychoanalytic Books, 2011.

[111] *Ibid.*, p. 14. (La traducción es mía).

[112] J. Lacan, *El seminario. Libro 11. Los cuatro conceptos fundamentales del psicoanálisis*. Buenos Aires, Paidós, 1987, p. 39.

tisfacción real? En este sentido, la realidad —fuente de lo desagradable— no solo es displacentera sino que también frustra, sin embargo, a pesar de que sea el principal promotor del pensamiento, habrá que tomar en cuenta que la realidad también es la condición principal para cualquier tipo de satisfacción posible y real.

Veamos este ejemplo: según Adam Phillips, todos vivimos una doble vida.[113] Por un lado, habitamos la vida real cotidiana, la que nos toca vivir, pero también vivimos aquella vida fantaseada de nuestros ideales, de lo que podríamos llegar a ser si no tuviéramos que estar sometidos en habitar la cotidianeidad. Sin embargo, como lo establece Phillips, esta vida fantaseada es una salida en falso puesto que queda como un espacio de ideales frustrados, que nos hacen creer que sí se pueden lograr si las condiciones en la realidad fueran distintas. Afortunadamente, es a partir de la vida real cotidiana, aquella que confronta el aislamiento del yo y que lo frustra al establecer limitaciones en el mundo externo —el niño que desea volar pero le resultará imposible—, que se logrará conocer y experimentar la vivencia de satisfacción. Sin la frustración que ofrece el contacto con la realidad, el placer adscrito a la vivencia de satisfacción real —y no por vía alucinatoria o fantaseada, o sea, por vías de conservación narcisista— sería imposible: sin frustración la satisfacción no es posible.

El problema que nos plantea el concepto *placer* como fuente de la auto-conservación del yo, como lugar del uno y reservorio del eclipse, es que somos engañados voluntariamente por aquellas resistencias inconscientes del núcleo del yo en hacernos creer que esta es la única fuente de satisfacción posible. Nos creemos que es la única fuente de satisfacción y seguro la más gozosa. Ante todo ello, se podría pensar que lo único que la realidad ofrece es el espectáculo de una vida aburrida, sin cuotas de placer o vías de satisfacción, una vida anestesiada de toda ἡδονή. Pero precisamente todo lo contrario sucede. La única manera de ligar el placer a la vivencia de satisfacción es en el distanciamiento del uno hacia la

---

[113] A. Phillips, *Missing Out. In Praise of the Unlived Life*. Nueva York, Farrar, Straus & Giroux, 2013.

figura del dos, hacia el paso grávido de consecuencias que nos arroja la realidad, esto es, la aparición de lo sexual y el otro.

Esto no quiere decir que toda satisfacción sea narcisista. No obstante, la base para el eclipse hace que el lugar del uno sea exclusivo, terrateniente de la exclusión, pues resulta ser autoerótico sin mediación con el mundo, además de carecer de objetos más allá del propio cuerpo o la vía alucinatoria. No se incluyen objetos del mundo como diferenciados, si no son a partir de la propia proyección auto-referencial. Por lo tanto, el eclipse nos arroja ante otro problema, o bien, ante una posible solución: ¿qué surge de este rompimiento entre placer y realidad, entre la figura del uno y la apertura hacia el dos, en la diferencia conceptual que traza Lacan entre el *Lust* y el *Wunsch*? Nada menos que nuestra posible subjetividad.

7. El paso del uno al dos

El objeto de la metapsicología freudiana es lo inconsciente. Cualquier estudio psicoanalítico que no fije su interés desde esta perspectiva desvía sus logros de investigación y reduce su trabajo a una dimensión de psicología pragmática, misma que resulta inaceptable. Por lo tanto, preguntamos, ¿cómo entender lo inconsciente de acuerdo a la transición entre el principio de placer y el principio de realidad? ¿A qué le atribuimos su carácter inconsciente a los conceptos *placer* y *realidad* dentro de la metapsicología freudiana? Por último, ¿qué relación tiene el inconsciente con la realidad?

Para el psicoanálisis, la realidad operante no es otra más que la realidad psíquica. En este sentido, lo que expresa Freud es que a través del trabajo del deseo ante el objeto en su ausencia, se forjan representaciones psíquicas que estimulan la perdurabilidad del mismo en el sujeto. Esto no indica que Freud haya desestimado el valor de la realidad objetiva, como ya lo hemos descrito, pero es aquí donde encontramos a Kant más cerca del psicoanálisis de lo que muchos hoy creen aceptable. En 1790, en la *Crítica del juicio*, Kant define la universalidad de la satisfacción representada en un juicio de gusto como una manera subjetiva. Así, este juicio de gusto, impregnado por el sentimiento de placer, precede al juicio del objeto.[114] No nos resulta extraño que Kant ejemplifique su tesis con alusiones a las creencias supersticiosas y fantasmagóricas para describir el poder interior del deseo sobre los objetos del mundo que se representan para el individuo. Incluso podemos retomar la tesis de Cicerón en el libro IV de *Disputas Tusculanas*, en donde afirma que el deseo (*desiderium*, en latín) despierta un apetito de ver a alguien que no está allí: *Desiderium libido eius, qui nondum adsit, videndi* ("El deseo de ver a aquel que aún no está presente").[115] Agregado a este apartado, Quignard analiza la palabra *desiderium* para precisar el retorno de lo perdido: "Si descomponemos la molécula de dicha palabra, en el *de-sidérium*, en el astro ausente, hay un retorno (*sous-venir*) de lo que se perdió y que viene otra vez a mostrarse no obstante su pérdida".[116] (No olvidemos que este vocablo ["deseo"] también se traduce como *libido*, que proviene de *libere* ("placentero"), y que significaba "lujuria", o como *cupiditas*, del latín *cupere*, que se definía como una "pasión" o "codicia".) Por otro lado, encontramos en Deleuze y Guattari la siguiente denuncia: "La realidad del objeto en tanto que producido por el deseo es, por tanto, la *realidad psíquica*".[117] En resumen, el deseo concibe a su propio objeto, lo delimita en las fronteras con la realidad. Sin embargo, habría que procurar un valor agregado a lo que la realidad en sí aporta al sujeto y su existencia en el mundo.

La realidad es el lugar de lo diverso más allá de lo que era relativo a la realeza (*regalis*). Ante las múltiples opciones posibles de vivencias de satisfacción que ofrece un mundo de asombro, primero habrá que ubicar el paso del *uno* al *dos*. El *dos* se entiende como el lugar de la apertura ante las puertas de la realidad, sin olvidar que este momento de escisión es "un paso grávido de consecuencias". Si la tendencia del aparato psíquico es la de ahorrar cualquier gasto de energía libidinal con el fin de favorecer las fuentes de placer y desviarse de la dificultad por renunciar a

---

[114] Immanuel Kant, *Crítica del juicio*. México, Porrúa, 1973, pp. 258-266.
[115] Cicerón, *Disputas Tusculanas*, t. II. México, UNAM, 1979, p. 50.
[116] Pascal Quignard, *La imagen que nos falta*. México, Ve, 2015, p. 10.
[117] Gilles Deleuze y Félix Guattari, *El Anti Edipo*. Buenos Aires, Paidós, 2005, p. 32.

ellas, entonces, la inserción de la realidad como hospicio de la alteridad y exterioridad producirá cambios significativos en el aparato psíquico. Así, Freud menciona que el relevo del principio de placer por el principio de realidad "no se cumple de una sola vez ni simultáneamente". Entonces, ¿qué consecuencias surgen de esta ruptura?

En primera instancia, las pulsiones sexuales se desasen momentáneamente del primado de las pulsiones de auto-conservación.

> Las pulsiones sexuales se comportan primero en forma autoerótica, encuentran su satisfacción en el cuerpo propio; de ahí que no lleguen a la situación de la frustración, esa que obligó a instituir el principio de realidad. Y cuando más tarde empieza en ellas el proceso de hallazgo de objeto, este proceso experimenta pronto una prolongada interrupción por obra del periodo de latencia, que pospone hasta la pubertad el desarrollo sexual. [...] autoerotismo y periodo de latencia, tienen por consecuencia que la pulsión sexual quede suspendida en su plasmación psíquica y permanezca más tiempo bajo el imperio del principio de placer, del cual, en muchas personas, jamás puede sustraerse.[118]

A pesar de la frustración con la que las pulsiones tienen que lidiar, el peso más profundo radica en una plasmación psíquica que, bajo el imperio del principio de placer, sigue operando. En este sentido, el concepto *placer* conservará su dominio a partir de nuevas coordenadas expuestas en la realidad y con sustento en la fantasía. Esto nos haría suponer que el lugar del uno ocupa el mayor esplendor de toda vida psíquica en su arraigo por producir realidades múltiples sin tomar en cuenta al mundo externo. Esto, de alguna manera, es cierto, sin embargo, no podemos dejar de lado que a partir del rompimiento de las pulsiones sexuales con respecto al autoerotismo, además del desprendimiento de la libido objetal para procurarse objetos del mundo

---

[118] Sigmund Freud, "Formulaciones sobre los dos principios del acaecer psíquico", en *Obras completas*, t. XII. Trad. de José L. Etcheverry. Buenos Aires, Amorrortu, 1986, p. 227.

real-objetivo, surge una escisión adicional en el individuo que lo posiciona no tanto en un distanciamiento con la realidad, sino más próximo a la satisfacción real. Principalmente, la realidad es un examen para el aparato psíquico: si se aprueba, se adapta al construir nuevas vías de facilitación para la pulsión, si lo reprueba, entonces la desestima y conserva al yo/fantasía como única fuente de placer.

Aledaño a este movimiento, quizá sea aquí donde se produce la mayor brecha debido al paso de un principio a otro, un rompimiento no solo estructural sino también dinámico, es decir, la escisión en el pensamiento humano entre deseo (*Wunsch*) y pensar (*Denken*).

En *Proyecto de psicología*, Freud establece el proceso de pensar como una de las actividades fundamentales en el aparato psíquico y parte de un discernimiento que obliga a tratar de coincidir investiduras-deseo de un recuerdo con investiduras-percepción. Sin embargo, no habrá que reducir la actividad del pensamiento a un proceso cognitivo, sino más bien hay que establecerla como un ejercicio fundamentado en la disonancia que ocasionan las fuentes de representaciones psíquicas y su contacto en turno con la realidad: se requiere de un juicio.

> El *juzgar* es, por tanto, un proceso ψ sólo posible luego de la inhibición del yo, y que es provocado por la desemejanza entre la *investidura-deseo* de un recuerdo y una investidura-percepción semejante a ella. [...] la coincidencia entre ambas investiduras deviene la señal biológica para que se ponga término al acto de pensar y se permita la descarga. La discordancia proporciona el envión para el trabajo de pensar, que a su vez finaliza con la concordancia.[119]

El trabajo de pensar inicia con una desemejanza. Ante dicha incompatibilidad inicial entre lo representado psíquicamente (imagen-recuerdo), o mejor dicho, lo deseado por vía alucinatoria (investidura-deseo), y la percepción de las cosas del mundo (investidura-percepción), de-

---

[119] S. Freud, "Proyecto de psicología", en *op. cit.*, t. i, p. 373.

vendrá un juicio discriminatorio. Sin embargo, Freud constata la importancia de que el acto del pensar se instaura gracias a la presencia del prójimo (*Nebenmensch*), aquel otro que habita un mundo pero que aun no logra ser representado en su diferencia: "Sobre el prójimo, entonces, aprende el ser humano a discernir".[120] Así, sobre este semejante las vivencias de satisfacción encontrarán nuevas vías de facilitación para el trabajo pulsional, mientras que en su camino no dejen que el placer, entendido como la insistencia de la identidad única del eclipse, desorganice el pensamiento, es decir, que inhiba el acto placentero por discernir, construir y empalmar la realidad objetiva a la integración del yo. Ante el fracaso de la satisfacción por vía alucinatoria, autoerótica por excelencia, el aparato psíquico se topa con la necesidad de tener que pensar. Pero, ¿pensar qué? El yo debe pensar no solamente su lugar en el mundo, sino que además es forzado a pensar su propia división entre un yo-placer y un yo-realidad: el yo se escinde.

La trasmudación del yo-placer al yo-realidad no solo convoca una escisión en el yo al pasar del uno al dos, sino que además forzará una división en las pulsiones. Escribe Freud: "las pulsiones sexuales experimentan aquellas modificaciones que las llevan desde el autoerotismo inicial, pasando por diversas fases intermedias, hasta el amor de objeto al servicio de la función de reproducir la especie".[121] Sin embargo, no habrá que desviar la oposición entre yo-placer y yo-realidad al dominio del narcisismo primario, dado que éste no tiene acceso alguno, ni siquiera de manera rudimentaria, al mundo externo. El narcisismo no puede pensar más allá de sí mismo, por lo que no es necesario que tenga que pensar. La división que se suscita en el yo es de un carácter más explicativo para brindar un acercamiento a la realidad, como los primeros pasos de un distanciamiento económico y dinámico lejos del narcisismo primario.

Pasar del autoerotismo al amor de objeto —del uno al dos— implica un rompimiento adicional mejor entendido, en este caso, como una ruptura. No es del todo cierto que el "examen de realidad", como lo

---

[120] *Ibid.*, p. 376.
[121] S. Freud, "Formulaciones sobre los dos principios del acaecer psíquico", en *op. cit.*, t. xii, p. 229.

define Freud, desplace enteramente el lugar del (principio de) placer, ya que "el examen de realidad no rige para nada, sino que la realidad del pensar es equiparada a la realidad efectiva exterior, y el deseo, a su cumplimiento, al acontecimiento, tal como se deriva sin más del imperio del viejo principio de placer".[122] Mientras que la actividad consciente promueva el pensar en el mundo, lo inconsciente forjará en cumplir la satisfacción del deseo, muchas de las veces a través de la fantasía, o en implementarse una vida paralela de orden imaginario como lo propone Phillips. De esta manera, más que pensar que el principio de realidad garantice, de manera postergada, la satisfacción del principio de placer, podríamos sustentar que ante esta ruptura sucede todo lo contrario al posicionar el placer como condición sustancial para el registro de la realidad. En este caso, habrá de no caer en la tentación conceptual del hedonismo de Epicuro o el rigorismo de Kant para comprender que de lo que Freud habla con respecto al placer resulta ser una paradoja: sin placer no hay realidad, pero ésta ya estaba ahí desde un inicio para ser construida. No obstante, si todo es placer, entonces se corre el riesgo por alienar y desvanecer todo lo que compete al individuo: sin realidad, no habrá sujeto. Entonces, ¿qué pasa con esta ruptura?

Al haber tomado *placer* y *realidad* como conceptos metapsicológicos, nos hemos adentrado en el problema de una ruptura ontológica, algo que le compete al ser. Conforme se pasa del uno al dos, de la categoría del placer a la categoría de la realidad, surge una ruptura fundacional del sistema psíquico. De esta manera, Lacan afirma que la experiencia de esta ruptura, posicionada entre percepción y conciencia, produce algo esencial. Así, en 1964, escribe: "entre percepción y conciencia, en ese lugar intemporal [...] que nos obliga a postular lo que Freud llama, en homenaje a Fechner, *die Idee einer anderer Lokalität*: otra localidad, otro espacio, otro escenario, el *entre percepción y conciencia*".[123] Para Lacan, el "entre percepción y conciencia", aquel espacio que recuerda al lugar que se abre entre el sistema *P* (percepción)

---

[122] *Ibid.*, p. 230.
[123] Jacques Lacan, *El seminario. Libro 11. Los cuatro conceptos fundamentales del psicoanálisis*. Buenos Aires, Paidós, 1987, p. 64.

y el sistema *Coc* (conciencia) de la carta 52,[124] y que tomamos como el paso entre el placer y la realidad, es lo que dejará, a causa de las grávidas consecuencias de su transición, un resto en la ruptura ontológica del ser, un remanente que el psicoanálisis ha definido —y por momentos olvidado— como la apertura del inconsciente en el individuo. Dicho de otra manera, lo que encontramos entre el uno y el dos es el acontecimiento de la producción del sujeto del inconsciente.

Según Lacan, la condición de unidad en el sujeto es imposible de sostener dado que eso pertenece al rubro de la psicología, más no del psicoanálisis. Para el psicoanálisis, el sujeto está dividido, pues debido a este rompimiento fundacional, la brecha que deja entrever un espacio entre la percepción y la conciencia, una fisura entre el placer y la realidad, tomará el estatuto de inconsciente. En 1960, escribe Lacan: "El inconsciente, a partir de Freud, es una cadena de significante que en algún sitio (en otro escenario, escribe él) se repite e insiste para interferir en los cortes que le ofrece el discurso efectivo y la cogitación que él informa".[125] De esta manera, los cortes en los cuales interfiere el sistema inconsciente, a manera de productos remanentes (síntomas, sueños, actos fallidos, lapsus), harán que el sujeto no sea reducido a la necesidad y que se logre distinguir, como resorte pulsional, entre la demanda y el deseo, producto de la división inherente en el sujeto. Así se abre un espacio desmesurado entre el placer y la realidad, de tal manera que "el deseo se esboza en el margen donde la demanda se desgarra de la necesidad: margen que es el de la demanda, cuyo llamado no puede ser incondicional más que si es dirigido al Otro, abre bajo la forma de la falla posible que puede aportarle la necesidad, por no tener satisfacción universal (lo que se llama: angustia)".[126] En este vértigo, como lo llama Lacan, es donde se introduce el *fantôme* del Otro, donde declara que "el inconsciente es el discurso del Otro".[127]

---

[124] S. Freud, "Carta 52", en *op. cit.*, t. i, pp. 274-280.
[125] J. Lacan, "Subversión del sujeto y dialéctica del deseo en el inconsciente freudiano", *Escritos 2*. México, Siglo XXI, 2009, p. 760.
[126] *Ibid.*, p. 774.
[127] *Idem.*

Pero hay algo más en juego en esta simple operación lingüística de pasar del placer a la realidad hacia un espacio donde el sujeto emerge. Vemos en Lacan que previo a la brecha que la escisión ontológica inaugura, no hay existencia de un sujeto. En este sentido, la díada significante entre *placer* y *realidad* debe su emergencia como resultado de la caída del primer significante, aquel que se posiciona como **uno**. Como lo explica Zupančič: "A nivel del primer significante no hay aún un sujeto ni una lógica o cadena de significantes".[128] Es a partir de la represión (primordial) de este primer significante, lo pre-subjetivo anterior a la inscripción mnémica, que se forma el par de significantes: el uno se divide en dos ($S_1 \rightarrow S_2$). Una vez puesta en escena el proceso de significación entre un significante y otro, Lacan formula la siguiente definición: "un significante es lo que representa al sujeto para otro significante".[129] Es ahí, en este espacio de negatividad, entre S_1 y S_2, suspensión vertiginosa de un abismo, que Lacan posiciona al sujeto como parte de la alienación y separación que ocasiona su propia ruptura. En pocas palabras, el origen del sujeto, su *arché* como archivo de rompimiento del eclipse, es la escisión que inaugura esa otra escena: sin inconsciente no hay sujeto. Asimismo, podemos agregar lo siguiente: "el sujeto es el efecto de esta repetición en cuanto que necesita del 'desvanecimiento', la obliteración, de la primera fundación del sujeto, por lo que él mismo, por estatus, siempre está presentado como una esencia dividida".[130] En efecto, no hay unidad más allá de la que existió en la imagen especular del eclipse y que luego se reprimió.

Pasar del *Lust* al *Wunsch* introduce el residuo de un fantasma descrito por Lacan con la figura ◊, el losange (*lozenge*) que representa la posibilidad en suspenso. En este sentido, el posicionamiento del sujeto ante el fantasma y el deseo como deseo del Otro, no solo hace que el sujeto quede alienado en su discurso, sino que tome toda la fuerza

---

[128] Alenka Zupančič, *Sobre la comedia*. México, Paradiso, 2012, p. 244.

[129] J. Lacan, *El seminario. Libro 7. La ética del psicoanálisis*. Buenos Aires, Paidós, 1988.

[130] J. Lacan, "Of structure as an inmixing of an Otherness prerequisite to any subject whatever", en Richard Macksey y Eugenio Donato (eds.), *The structuralist controversy*. Baltimore, Maryland, The John Hopkins Press, 1972, p. 192. (La traducción es mía).

necesaria para aparecer en su partición. En 1960, durante el Congreso de Bonneval, Lacan afirma que la alienación, cosa del sujeto, es una operación seguida por la separación (*se parare*), acto de engendrarse (*se parere*) no como deidad sino en parto con el Otro: "Que el Otro sea para el sujeto el lugar de su causa significante no hace aquí sino motivar la razón por la que ningún sujeto puede ser causa de sí".[131] Si bien el efecto de esta ruptura ontológica da causa a una falta en el ser, Lacan ofrece un alcance mucho más materialista en el sentido dialéctico. Para Lacan, *parere*, cuyo uso tiene un origen jurídico (social), significa parir, procurar un hijo al marido.[132] La partición del sujeto implica su parto, su ingreso a la cualidad civil en su ciudadanía como sujeto dividido. El sujeto se tiene que partir, separar (*se parare*), para dar origen y vida a su lugar en la cadena de significantes. Esto es la operación del inconsciente: "El inconsciente *es* un concepto forjado sobre el rastro de lo que opera para constituir al sujeto".[133] Como ya lo hemos dicho, el inconsciente constituye al sujeto, pues mientras que el individuo desaparece en el deseo del Otro, eclipsado momentáneamente, su deseo (*Wunsch*) hará que emerja como sujeto de una división fundacional.

Al producirse esta ruptura ontológica, donde el sujeto se escinde y es posicionado vacilantemente entre un significante y otro, es que se logra discernir la relación entre *placer* y *realidad* como conceptos. A partir de esta división, poco exclusiva del yo ni del divorcio de las pulsiones, se pueden producir y elucidar los conceptos *placer* y *realidad*, surgidos de un sujeto dividido, un ser incompleto aun desprovisto de palabra: "El significante, produciéndose en el lugar del Otro todavía no delimitado, hace surgir allí al sujeto del ser que no tiene todavía la palabra, pero al precio de coagularlo".[134] Esto nos convoca a meditar que el problema del eclipse no se trata de la fusión entre dos elementos para convertirse en uno, sino todo lo contrario, ya que a partir de este elemento unitario, único elemento en sí mismo, y su división ante la

---

[131] J. Lacan, "Posición del inconsciente", *Escritos 2*, p. 799.
[132] *Ibid.*, p. 802.
[133] *Ibid.*, p. 790.
[134] *Ibid.*, p. 799.

emergencia de un principio a otro, surgirán estos dos elementos como conceptos incompletos. En un principio no existe la representación del "objeto-madre" y el "objeto-bebé" como entidades separadas, sino que a partir de la división del sujeto en su ruptura ontológica estos objetos podrán ser pensados (*Gedanken*) y, en turno, representados (*Vorstellen*). Quizá en su planteamiento inicial Winnicott no estaba del todo equivocado: el inicio solamente surge cuando hay una escisión, más no cuando se completa la integración unitaria.

Aunque para muchos autores los términos yo-placer y yo-realidad son la manera en que Freud explica la relación del sujeto con el mundo exterior y su acceso a la realidad, no queda del todo claro que se definan como términos que siempre estén en oposición mutua. Al contrario, hemos definido que este pequeño contacto que tiene el yo-placer con el yo-realidad dará cuenta que el placer es el sustento de la realidad hasta llegar a construir un mundo ficticio de una realidad alterna entendida como la realidad del deseo. Recordemos que la realidad, en su cualidad de acceso un tanto precaria, participa como el campo de la experiencia que corresponde a la oposición entre percepción y memoria, entre proceso primario y proceso secundario. Esto no quiere decir que los conceptos *placer* y *realidad* se opongan, sino más bien que el placer es un componente fundamental para sostener la realidad. Dicho de otra manera, el placer es sustancial para la construcción del mundo, el yo, el otro y el cuerpo. Así lo afirma Jean-Luc Nancy en su pequeño artículo "The Body of Pleasure",[135] destacando el placer y el dolor como dos modos de existencia, en donde el primero se define como una demanda, un llamado a "tocar" el mundo y cuyo fin evidencia la pérdida de la forma del cuerpo, esto es, el placer como aquello ilimitado que toca el orden del mundo dándole una continuidad al ser. Entonces, fue equivocado pensar que la realidad agita lo placentero en términos económicos, sino más bien, fue el placer quien puso los cimientos necesarios para que se construyera una realidad de tantas posibles, la del sujeto y la de los otros.

---

[135] Jean-Luc Nancy, "The Body of Pleasure", en *Corpus II*. Nueva York, Fordham University Press, 2013, pp. 93-96.

8. La negatividad del yo

Si el yo (*ego*) ha sido una categoría fundamental establecida en el pensamiento de occidente desde la máxima cartesiana "*Je pense, donc je suis*", entonces, la categoría del "no-yo" (*not-I*) merecerá un estudio mucho más preciso para resolver su ubicación ante la siguiente pregunta: ¿quién piensa cuando [yo] *no* pienso? Es así que la distinción entre un yo y un no-yo nos convoca hacia un problema conceptual y dinámico en los surcos que se trazan entre la filosofía y el psicoanálisis. A partir de Piaget es que encontramos los primeros atisbos de esta categoría con relación a un estado de indiferenciación primordial. Según Piaget, la acción (muscular) es lo que diferencia entre un yo y no-yo, ya que conforme se experimente la autonomía de los objetos del mundo con la interacción del individuo sobre de ellos, éstos se distinguirán del cuerpo: "El universo indiferenciado de la acción llega a poseer estructura sólo gracias a que los actos tienen consecuencias distintas que dependen de aquello con que se encuentran".[136] De acuerdo a este planteamiento, la discriminación entre el yo y no-yo resulta evidentemente de la acción. No obstante,

---

[136] Robert W. White, *El yo y la realidad en la teoría psicoanalítica*. Buenos Aires, Paidós, 1973, p. 53.

este punto de vista queda insuficiente para nuestro argumento por lo que trataremos de resolver qué se entiende por un "no-yo" a partir de *ambas* disciplinas. Si bien es cierto que el término "no-yo" (*not-I*) no fue trabajado únicamente por Winnicott, su fundamento filosófico constata una trayectoria de mayor antaño desde el idealismo alemán, en específico, con la figura de Johann Gottlieb Fichte. Por lo cual, partamos de la primera cuestión: ¿qué entiende Winnicott por *not-I*?[137]

A lo largo de su obra, Winnicott no dejó claro a qué se refería cuando habla del no-yo, pues nunca estableció una definición puntual ni concreta. Sin embargo, esto no quiere decir que él mismo nunca haya conceptualizado dicho elemento como parte de su bagaje teórico. Quizá hubiera sido mucho más sencillo que Winnicott resolviera este problema conceptual al postular el *not-I* como equivalente a la realidad objetiva llanamente, o como el mundo externo abundante en objetos. Entonces, ¿por qué no definirlo como la realidad, "y de tal modo incorporar el significado psicológico del mundo exterior real-objetivo",[138] como lo postuló Freud? En efecto, la conceptualización del no-yo nos resulta incompleta si la tomamos de esta manera al esclarecerla como un mero aditamento del mundo (exterior) real-objetivo, un campo de exterioridad aledaño al sujeto en su experiencia con la alteridad. Es decir, hay mucho más en juego con respecto a este término de lo que nos permite un análisis superficial a primera vista.

No resulta extraño que Winnicott, a través de su trabajo clínico y social, se postule como ambientalista, fiel creyente de los factores externos y de los efectos que estos producen sobre la constitución del aparato psíquico. A pesar de que el concepto de "madre suficientemente buena", elemento psíquico portador del cuidado infantil, mantenga su relación en el mundo interno del niño, su arraigo debe mucho a la función ma-

---

[137] En su primera versión del artículo "Transitional objects and transitional phenomena", de 1951, Winnicott recurre al término *"Not-Me"*. Para fines conceptuales, no hemos encontrado una clara diferencia entre ambos términos, de tal manera que conservaremos el valor del concepto *not-I*.

[138] Sigmund Freud, "Formulaciones sobre los dos principios del acaecer psíquico", en *Obras completas*, t. xii. Trad. de José L. Etcheverry. Buenos Aires, Amorrortu, 1986, p. 224.

terna real que se sostiene en una madre (o sustituto de la madre) como objeto del mundo externo, es decir, como objeto-objetivo. Este elemento psíquico mantiene su soporte libidinal gracias al dominio que brinda una exterioridad que consecuentemente inaugurará otro elemento que no puede, de un inicio, provenir desde lo interior: la frustración. La frustración es lo que introduce la madre (real) como operación psíquica para acompañar al bebé en sus intentos por construirse caminos pulsionales y así encontrar una satisfacción real. En su origen, la frustración siempre es externa. De esta manera, el ambiente, en su función organizadora del psiquismo, contará con elementos adversos que irrumpan la homeostasis libidinal del infante y frustrará la descarga inmediata impuesta por el proceso primario para favorecer el trabajo de pensar. No obstante, Freud nos advierte que este primer paso no está exento de detalles pulsionales que merecen un breve análisis.

Recordemos que Freud no era romántico, pues afirma que el odio antecede al amor. A partir del intercambio libidinal que se establece entre el yo y los objetos, una vez que ambos quedan claramente diferenciados entre sí, surge el establecimiento de una relación o vínculo que asegura la obtención del placer como privilegio de la satisfacción amorosa: "La palabra 'amor' se instala, entonces, cada vez más, en la esfera del puro vínculo de placer del yo con el objeto, y se fija en definitiva en los objetos sexuales en sentido estricto y en aquellos objetos que satisfacen las necesidades de las pulsiones sexuales sublimadas".[139] En este caso, el yo emprende la búsqueda por el placer que brindan aquellos objetos encontrados en el mundo exterior para así garantizar la satisfacción real. Sin embargo, el camino no resulta tan sencillo, dado que gran parte de las mociones pulsionales exigen poca demora para conservar su estado inmóvil de gasto energético y, por lo tanto, para lograr una plena satisfacción narcisista. Dicho de otra manera, la palabra "amor" en su sentido relacional emprende los cimientos de la frustración para la postergación de la descarga: la ruptura del uno. El bebé no puede sobrevivir solo ya que la satisfacción por vía alucinato-

---

[139] S. Freud, "Pulsiones y destinos de pulsión", en *op. cit.*, t. xiv, p. 132.

ria fracasó, mientras que el individuo se ve compelido a dirigirse a un otro en aras de auxilio.

El desamparo inaugural que instituye la falta en el ser hace que el uno corra el riesgo de reconocerse incompleto: presagio de un yo (narcisista) herido. De esta manera, todo lo que provenga del mundo exterior, que aún no es reconocido como tal en el eclipse, ese estadio del uno de plenitud conforme al narcisismo primario, será identificado como factor produciente de displacer. Dice Freud: "El yo odia, aborrece y persigue con fines destructivos a todos los objetos que se constituyen para él en fuente de sensaciones displacenteras, *indiferentemente* de que le signifiquen una frustración de la satisfacción sexual o de la satisfacción de necesidades de conservación".[140] Durante este estadio, el yo no diferencia entre los elementos externos o internos, entre un afuera y un adentro, pues lo único que registra es que este displacer debe provenir de una localidad ajena al propio yo, y esto es causa de malestar. El dolor que provoca este alboroto es transformado en odio hacia aquellos objetos que causan dicho displacer, sin importar que sean internos, pues durante el eclipse aún se carece de la noción de interioridad. Por ejemplo, es muy común que cuando un niño que toma sus primeros pasos y aprende a caminar, tropiece y caiga súbitamente al suelo, y que parte de su descarga sea culpar a la pared, al mueble, o a un semejante que lo acompaña, por no auxiliarlo o por ser supuestos partícipes de su tragedia. En un inicio el yo emprende la conservación de la gratificación narcisista, mientras que cualquier irrupción a este circuito libidinal es tomado como displacentero, ocasionando así un momento de furia y odio contra aquel elemento que se interpuso entre el yo y su satisfacción auto-erótica inmediata.

Un yo herido aparece muchas de las veces como tirano radical ante sus contrincantes y contra sí mismo: exponente de su agresividad y autodestrucción. Es así que Freud determina al odio como aquel componente libidinal que repulsa (*Anstoss*) todo lo que proviene del mundo (displacer, dolor, frustración): "El odio es, como relación con el

---

[140] *Idem*. (Las cursivas son mías).

objeto, más antiguo que el amor; brota de la repulsa primordial que el yo narcisista opone en el comienzo al mundo exterior prodigador de estímulos".[141] Quizá aquí mismo estaríamos más allegados a lo que Klein reconoció como la posición esquizo-paranoide, donde la relación con el pecho malo es vivenciada como caótica, llena de elementos desorganizados y persecutorios.

Pero también entendamos que no todo lo que proviene del mundo es displacentero, ya que gracias a la apertura de una exterioridad que proviene del objeto-objetivo, el aparato psíquico podrá encontrar una satisfacción real y no engañosa como lo vino a demostrar la vía alucinatoria. Entonces, aquí vemos un primer acierto en Winnicott al trazar la importancia del ambiente, la madre suficientemente buena como instauradora de la frustración, que proviene de un mundo siempre ahí (*always there*) y diferenciado del yo narcisista (un yo en su no-alteridad), y que funge como patrocinador de la exterioridad. En parte, nos acercamos a lograr entender qué es lo que está en juego con el *not-I*.

A partir de lo que acontece con la ruptura en el sujeto, una herida narcisista en el yo, surge lo que Winnicott definirá como fenómenos transicionales que permitan pasar de un estado de satisfacción auto-erótica (la estimulación de la zona erógena oral, el chupeteo) a la verdadera relación de objeto (el otro en su alteridad): "Es claro que lo transicional no es el objeto. Este representa la transición del bebé, de un estado en que se encuentra fusionado a la madre a uno de relación con ella como algo exterior y separado".[142] Como hemos visto anteriormente, no se trata de una fusión entre dos elementos a modo de simbiosis o de unidad dual, sino de un eclipse que subsecuentemente se colapsa: la figura del uno se divide en dos. Así, Winnicott nos habla de una experiencia *transicional*. Como primera hipótesis, apuntaremos que Winnicott señala los primeros atisbos del no-yo no solamente como un objeto en sí, pues en parte no lo será plenamente, sino como una posesión transicional: "No estudio específicamente el primer obje-

---

[141] *Ibid.*, p. 133.
[142] Donald Winnicott, "Objetos transicionales y fenómenos transicionales", en *Realidad y juego*. Barcelona, Gedisa, 1979, p. 32.

to de las relaciones de objeto. Mi enfoque tiene que ver con la primera posesión, y con la zona intermedia entre lo subjetivo y lo que se percibe en forma objetiva".[143]

El no-yo es una primera posesión que arroja una diferencia. Pero, ¿diferencia entre qué? Durante el desarrollo del niño, entendido como el momento de separación con respecto al eclipse, no nos sorprenderá encontrar un campo minado de fenómenos transicionales que busquen el distanciamiento entre sujeto y objeto, pero sobre todo entre el yo y todo aquello que *no* es yo. Dice Winnicott: "En el desarrollo de un niño pequeño aparece, tarde o temprano, una tendencia a entretejer en la trama personal objetos-distintos-que-yo (*other-than-me-objects*)".[144] Pero, ¿a qué se refiere con estos objetos-distintos-que-yo?

Hay que especificar que la noción del no-yo no describe ni apunta a significar una posible integración del yo como unidad inquebrantable. Lo que busca explicar es una clara distinción entre el yo como operación psíquica y los objetos cercanos que son distintos a éste y que habitan el plano exterior más allá de sus fronteras. En efecto, el no-yo no puede ser reducido a un mero objeto en el mundo.

Cuando Winnicott afirma que el bebé no puede experimentar el principio de realidad en plenitud sino solamente en parte, dado su desarrollo precoz, lo que se busca diferenciar es la cualidad de los objetos-subjetivos, aquellos que se han representado en el aparato psíquico, y los objetos-objetivos, aquellos que pertenecen a un mundo exterior. Dice Winnicott: "el niño puede satisfacer el principio de realidad aquí (*here*) y allí (*there*), en un momento y otro, pero *no en todas partes a la vez*; es decir que conserva áreas de objetos subjetivos, junto con otras áreas en las cuales hay una relación con objetos percibidos objetivamente, u objetos 'no-yo'".[145] Llama la atención que aquí mismo se designe ya una limitante para el bebé: "no en todas partes a la vez". Además, habrá que detenerse en los adverbios que se destacan: *here*

---

[143] *Ibid.*, p. 19.
[144] *Ibid.*, p. 20.
[145] D. Winnicott, "Ego integration in child development", en *The Maturational Processes and the Facilitating Environment*. Londres, Karnac, 1990, p. 57. (Las cursivas son mías).

and there, aquí y allí. Si bien es cierto que el no-yo no es equivalente a la realidad o al mundo, ni mucho menos a un objeto en su entereza, la noción de un *here* y un *there* nos convoca a pensarlo como referente a una cosa del mundo (*das Ding*).

¿Qué es lo que está implícito en el uso de estos adverbios? Según la ubicación del hablante y la distancia entre él y el objeto a que haga referencia, se usan los adverbios de posición: aquí, allí, allá, acá, ahí. Estos adverbios son empleados por el enunciante para definir un lugar con respecto al objeto, es decir, su proximidad ante las cualidades del mismo. De esta manera, entonces, pensamos que la ubicación del yo que dirige sus esfuerzos a señalar ciertos atributos del objeto lo llevan a enunciar las propiedades que primeramente no pertenecen al yo mismo, sino a las cosas en sí que se encuentran "aquí" o "allí" en referencia al no-yo: "No soy ahí donde las cosas son".

Bajo esta referencia de ubicación y énfasis lingüístico, distinguimos dos ejemplos que Winnicott menciona para resaltar el lugar del no-yo. El primero constata en la defusión del objeto-subjetivo y del objeto percibido de manera objetiva, es decir, el rompimiento de la "fusión pre-lógica de sujeto y objeto".[146] Por otro lado, Winnicott analiza la idea de lo vivo (*liveliness*) a partir de sus opuestos: lo muerto (*deadliness*) y una ausencia de lo vivo. Escribe Winnicott: "En el desarrollo del infante individual, el vivir surge y se establece partiendo del no vivir (*not-living*), y el ser (*being*) se convierte en un hecho que reemplaza al no ser (*not-being*) del mismo modo que la comunicación surge del silencio".[147] De esta manera, podemos entender que para Winnicott la noción de muerte es secundaria para un ser que aún no ha devenido en su existencia —y que desconoce la noción de muerte como finitud del mismo ser, ya que aún no existe, como si todavía no fuera un ser-para-la-muerte—, y cuyos procesos de vida quedarán atados al fenómeno de la negación, ausencia que remite a sus efectos en la presencia. En resumen, el ser solamente puede surgir

---

[146] D. Winnicott, "El juego", en *Realidad y juego*, p. 62.
[147] D. Winnicott, "Communicating and not communicating leading to a study of certain opposites", en *The Maturational Processes and the Facilitating Environment*, p. 191.

en sí mismo y develarse a partir de su negación, el no ser (*not-being*), dimensión que nos coloca forzosamente en el campo del no-yo, de los objetos-distintos-que-yo.

A pesar de que el *telos*, según Winnicott, del no-yo al yo sea lograr la integración como unidad, hay que destacar que él mismo no autoriza la nulidad de todo aquello que pertenece al dominio del no-yo: "La integración logra la unidad. Primero aparece el 'yo', que incluye 'todo lo otro no es yo' ('*everything else is not me*'). Después viene 'yo soy, yo existo, yo recojo experiencias, me enriquezco y tengo una interacción introyectiva y proyectiva con el *no-yo*, como mundo real de la realidad compartida'".[148] Dicho de otra manera, cuando el yo logra distinguirse de las propiedades del no-yo, entonces es cuando el yo llega a realmente ser: existencia que cobra sentido a partir de su lugar compartido con la alteridad que ofrece el mundo y la negatividad del no-yo.

El lugar que enuncia el yo suscrito a un estado de eclipse es nombrar todo aquello que hace referencia al dominio de la negatividad, aquello que pertenece al campo del no-yo. Los objetos percibidos objetivamente son colocados en el lugar de la realidad como insignias del *not-I*, pero no se conciben como objetos singulares, independientes e inalcanzables del sujeto, pues él mismo los ha construido y descubierto. He aquí donde tenemos que apoyarnos en el idealismo alemán y el giro filosófico que impuso Fichte.

Le debemos a Fichte el haber sustituido la *substantia* de Spinoza por el concepto de yo. Para Fichte, el yo es la sustancia de la cual se deriva todo lo demás, misma que nos dirige hacia la conciencia. Así, el planteamiento opuesto que ofrece Spinoza es comenzar con la importancia del no-yo como experiencia con el mundo, encuentro que es transformativo del sujeto: el conocimiento del mundo y sus implicaciones sobre la constitución del yo. Sin embargo, para Fichte la situación es distinta, ya que eleva al yo a un absoluto que genera una autoconciencia: "el yo puro, considerado absolutamente en sí, aislado y fuera de toda relación con algo exterior a él, es una cuestión insoluble,

---

[148] D. Winnicott, "Ego integration in child development", en *op. cit.*, p. 61.

y tomada en sus términos exactos encierra una contradicción consigo misma".[149] En este sentido, el conocimiento del mundo parte del planteamiento de un yo que genera una conciencia que hace posible el mismo conocimiento del mundo, lo que genera representaciones: solo se es conciente de aquello que se conoce y no de lo que no se conoce. Para demostrar esta autoconciencia, Fichte recurre a la contradicción implícita que habita en el propio yo.

El yo es la síntesis de una dialéctica que se compone de dos elementos: el yo finito y el no-yo. Para evitar un dualismo incómodo y privilegiar el posicionamiento del yo ante el mundo, Fichte describe tres principios que componen al yo puro: 1) yo = yo: el yo produce al yo, la conciencia produce la conciencia, de tal manera que se logra la identidad; 2) yo / no-yo: el yo se ve confrontado por una cosa en sí proveniente del mundo, el no-yo, sin embargo, ésta permanecerá incognoscible; 3) yo (yo/no-yo): el yo puro aloja su propia contradicción al albergar la limitación que instala el campo del no-yo a la dimensión del yo. La oposición entre el yo y el no-yo resalta el límite entre el yo y el mundo, misma que se contiene en el propio yo: "El yo puro puede ser representado sólo negativamente, como lo contrario del no-yo. [...] El yo puro es siempre uno y el mismo, y nunca algo diferente".[150] Así, el yo se posiciona ante el mundo como aquello que *no* es yo, es decir, lo que está habitado por la multiplicidad como son los animales, otras personas, las cosas, etcétera. Mientras que la característica del yo es la unidad, la del no-yo será la multiplicidad, todo aquello que el yo no es: "El hombre no es *lo que* es porque *él* existe, sino que lo es *porque existe algo más aparte de él mismo*".[151]

En efecto, el no-yo permite vislumbrar la importancia del establecimiento del propio yo, empero, habrá que hacer una clara distinción entre el pensamiento de Fichte y lo que hemos demostrado con el planteamiento de Winnicott. En resumen, la importancia del no-yo

---

[149] Johan Gottlieb Fichte, *Algunas lecciones sobre el destino del sabio*. Madrid, Istmo, 2002, p. 41.
[150] *Ibid.*, p. 47.
[151] *Idem.*

radica en su negatividad, pero sus efectos serán entendidos de manera distinta por ambos autores. Fichte define al yo como una entidad positiva que aloja su propia contradicción (yo/no-yo), además de que la experiencia que tiene con respecto al mundo se describe como un posicionamiento que toma ante los objetos de la conciencia y los límites que éstos marcan. Este asentamiento (*setzen*) no significa para Fichte la creación de dichos objetos, sino la posición de sus límites y lo incognoscible que será la experiencia con el no-yo. En estos términos, no se puede tener una experiencia con el no-yo dado que no se puede conocer la cosa en sí. Y es aquí mismo donde el planteamiento de Winnicott difiere al proponer que la relación que se establece entre el yo y el no-yo enlaza una experiencia con el mundo, pero sobre todo con respecto a la negatividad del yo mismo. En corto, lo que distancia a ambos autores es precisamente la posibilidad de una experiencia directa con el mundo. Para Winnicott, los objetos-distintos-que-yo pertenecientes al campo del no-yo sí pueden ser vividos en la experiencia y, mucho más importante, creados para ser descubiertos en el mundo. Pero, ¿cómo es que se llega a crear lo que no se puede conocer? Si las cosas afuera del yo influyen sobre este mismo a partir del campo de la negatividad, entonces el propio yo será forzado a emitir un fallo: el juicio primordial (*Urteil*).

El *Urteil* es una sentencia: operación psíquica que consiste en emitir un juicio. En 1895, Freud introduce este concepto para definir una descomposición necesaria para el inicio del trabajo de pensar. Mientras que algunas investiduras logran empatar las representaciones forjadas en lo psíquico con las investiduras-percepción que aparecen en el mundo, otras no tendrán tanto éxito y recurrirán al trabajo de pensar las desemejanzas, la incompatibilidad entre la investidura-deseo y la investidura-percepción. Ante la postergación de la descarga, el aparato psíquico estará obligado en dividir los ingredientes de estas investiduras en dos elementos: entre cosa del mundo (factor constante) y su predicado (factor variable). Dice Freud: "[...] el lenguaje creará para esta descomposición el término *juicio* (*Urteil*; 'parte primordial'), y desentrañará la semejanza que de hecho existe entre el núcleo del yo y el ingrediente constante de percepción [por un lado], las investiduras cambiantes dentro del manto y el ingrediente inconstante [por el otro]".[152] En otras palabras, el valor fundacional del juicio primordial no sólo será brindar un proceso psíquico para emitir fallos entre lo representado y lo percibido, sino que permitirá al yo establecer la distancia necesaria con respecto a la percepción para precisamente lograr que dichos fallos sean realizados. Todo aquello que sea equivalente en su identidad encontrará una descarga directa privilegiada por el proceso primario, pero todo aquello que encuentre una desemejanza, una diferencia por más mínima que sea, se apoyará en el trabajo de pensar del propio yo con relación al mundo que lo cobija: el yo piensa a partir de un distanciamiento, una separación con respecto al sistema percepción. Dicho de otra manera, el yo se desentraña de la percepción para pensar su condena en el mundo: algo más piensa con él.

Posteriormente, en 1925, Freud establece dos funciones decisivas del propio juicio, mismas que define de la siguiente manera: "La función del juicio tiene, en lo esencial, dos decisiones que adoptar. Debe *atribuir* o desatribuir una propiedad a una cosa, y debe admitir o impugnar la *existencia* de una representación en la realidad".[153] Así nos encontramos ante la presencia del juicio de atribución y el juicio de existencia. El primero tiene la función de atribuirle (o desatribuirle) una propiedad o cualidad a las cosas del mundo, el segundo debe comprobar la existencia real de estas cosas *en* el mundo. El juicio que se hace con respecto a las cosas del mundo debe otorgarle al yo la facilidad de saber si aquello que se presenta en el sistema percepción es bueno o malo, placentero o displacentero, útil o dañino, comestible o no comestible, pero mucho más importante, es dar cuenta de que esa representación se puede reencontrar en el mundo objetivo, esto es, que sí existe un objeto que brinda una satisfacción real y que no fue producto del deseo alucinatorio.

En este caso, Freud retoma la importancia de la relación entre yo-placer y yo-realidad para establecer la conexión que ya se demostró anteriormente: el placer como sustento de la realidad. La atribución

---

[152] S. Freud, "Proyecto de psicología", en *op. cit.*, t. I, p. 373.
[153] S. Freud, "La negación", en *op. cit.*, t. XIX, p. 254. (Las cursivas son mías).

que se le hace a los objetos del mundo es que sean buenos para in-
troyectarlos y así conservar lo placentero y deshacerse de lo malo o
displacentero. Por otro lado, el yo-realidad busca en el mundo para
reconocer que esos objetos-buenos que se conservan efectivamente
existan en su materialidad. Para este último paso, el yo se apoyará en
lo que Freud describe como el examen de realidad, una prueba que le
permite al yo distinguir si eso bueno o malo (alucinado o fantaseado)
en realidad existe. Ahora la meta será la siguiente:

> [...] ya no se trata de si algo percibido (una cosa del mundo)
> debe ser acogido o no en el interior del yo, sino de si algo pre-
> sente como representación dentro del yo puede ser *reencontra-
> do* también en la percepción (realidad). [...] El fin primero y
> más inmediato del examen de realidad (de objetividad) no es,
> por tanto, hallar en la percepción objetiva (real) un objeto que
> corresponda a lo representado, sino *reencontrarlo*, convencerse
> de que todavía está ahí.[154]

Aunque Freud haya modificado el acceso objetivo a la realidad que
dispone el sujeto comenzando con un yo-realidad inicial para pasar a
un yo-placer originario, para luego establecer un yo-realidad definiti-
vo, lo esencial del juicio (*Urteil*) conserva una misma base. Al contrario, Freud sigue siendo fiel al imperio del placer que domina sobre la
realidad entendida como una construcción psíquica. Mientras que el
yo-placer originario tiene una nueva tarea por resolver —incorporar lo
bueno/placentero—, este primer movimiento no llegará a establecerse
sino es a partir de un juicio que se emite con respecto al campo de la
negatividad. Dicho de otra manera, lo que está en juego en el eclipse
es llegar a conciliar la pugna entre el yo y el no-yo, entre aquello que
el ser es y aquello que no es. Al contrario de una lectura análoga a
ciertas cosmogonías, lo que emerge a partir de este corte —ruptura del

---

[154] *Ibid.*, p. 255. (Las cursivas son mías).

sujeto— es que luego de dicha operación siempre queda un resto, un excedente a manera de residuo: el inconsciente.

El yo se empieza a construir no solo a partir de las investiduras colaterales y la inhibición de la carga energética que conduce a vías de facilitación, mismas que evitan el aumento del displacer, sino que logra su establecimiento a partir de la relación con el objeto: el surgimiento del dos. El acontecimiento del objeto primeramente transicional más que una primera posesión no-yo es un momento de aparición e iluminación, la conformación y distinción de un yo y un objeto: sin objeto no hay un yo que se distinga diferenciado de sí mismo. Así lo cuestiona White: "¿Cabe hablar de la introyección de un objeto si también se supone que el objeto y el sí mismo no están eficazmente diferenciados?".[155] Pero para lograr este paso esencial en toda la construcción teórica y técnica de la escuela inglesa, e incluso la norteamericana, el yo debe emitir un juicio fundacional de su propia existencia. Si el objeto aparece en su ausencia, es decir, es su dimensión negativa, entonces el yo maquina sus primeros juicios a partir de este lugar inscrito de la ausencia. Para ello, entendemos que el objeto se tiene que separar del objeto para devenir objeto.

Como nos lo demostró Freud al inicio de "Formulaciones sobre los dos principios del acaecer psíquico", siempre habrá un distanciamiento con respecto a la realidad. Las parcelas de realidad o los campos donde se inscribe el movimiento del deseo estarán teñidos por cuotas mínimas de placer (o displacer). Pero para llegar a este momento edificante de un yo relacionado con los objetos que ya se distinguen en su propio dominio, el yo debe juzgar, sentenciar, litigar. Mientras que el orden del no-yo ha establecido una dimensión de negatividad, ese primer juicio aproxima al yo a todo aquello que le resulta extraño, extranjero, no placentero y, por ende, doloroso, de tal manera que el yo no se puede constituir en un lugar que contraría el imperio de su propio placer. El lugar del no-yo, lienzo abierto de objetos-distintos-que-yo, resulta una localidad incómoda para el yo y la conservación de lo placentero. Por

---

[155] R. W. White, *op. cit.*, p. 51.

lo tanto, el primer juicio que emite el yo a partir de los atributos placenteros que logra conservar y reencontrar en objetos que pertenecen al mundo externo será una aporía. Pues no era cierto, retomando el *Cogito ergo sum*, que el "yo soy" sea el primer juicio de existencia del propio yo. La contradicción implícita en la formación del yo fuera del eclipse es precisamente enunciar todo aquello que *no es* para proseguir a discernir qué, en efecto, *sí es*. En lugar de saberse un "Yo soy" (*ego sum*), el yo, a partir de su encuentro con la dimensión de la negatividad que ofrece el *not-I*, logra por fin acuñar un juicio primordial: "No soy" (*ego sum nihil*), incluso hasta pronunciar: *Quis ego sum*.

Opuesto a la lógica cartesiana, el yo solo deviene a partir de una herida narcisista que le permite trazar sus primeros pasos para diferenciarse de toda indiferenciación (no existencia) que provocó el eclipse. Enunciar o pensar "no soy esto" o "no soy estotro" pavimenta el camino de una ex-sistencia fuera de sí mismo, dividido y cercano al orden del dos, lejos de un uno que demanda totalidad y desestima la escisión fundacional: un *uno* que promete la inmortalidad a cambio de una pequeña cuota seductora al exigir nada más que el desvanecimiento del propio sujeto.

9. En la sombra del eclipse

La figura más adecuada para ilustrar la complejidad del eclipse es la melancolía: dado que la sombra del objeto cae sobre el yo, este último desaparece en un océano de auto-reclamos y culpa. Sin embargo, esto hace que corramos el riesgo de reducir este concepto a una categoría de psicopatología, o de una estructura psíquica similar a la psicosis. Por lo tanto, consideramos que la figura que mejor explica el eclipse no tiene que ver tanto con una formación sintomatológica sino que puede ser tomada de la literatura universal, misma que nos ofrece el personaje principal de la novela de J. R. R. Tolkien, un hobbit llamado Frodo.

En la trilogía, *El señor de los anillos*, Frodo es encomendado con una misión: destruir el anillo que posee un poder ilimitado al arrojarlo en el monte Doom, en Mordor. Cualquier persona que ha poseído, o mejor dicho, que ha sido poseída por el anillo, queda absuelta por su poder, y una vez despojado del mismo, anhela recuperarlo a toda costa. En ciertos casos, se convierten en espectros que más que regresar del más allá son figuras que nunca mueren y que carecen de vida, por lo tanto, permanecen **undead** (no-muertos). En otros casos, el poder del anillo, ilimitado y omnipotente, hace que cualquier individuo quede seducido por su magnitud. Se roba por el anillo, se mata por el mismo, se traiciona cualquier pacto fraternal por este objeto. Lo más curioso es que cuando alguien, en este caso, Frodo, se coloca el anillo, inmediatamente, el sujeto desaparece. (Esto nos recuerda el pasaje que relata Glaucón en *La república* acerca del anillo de Giges, un pastor que encuentra un anillo mágico que lo hace invisible, planteamiento que se utiliza para probar qué tan justo es el hombre por naturaleza.[156]) Así, en ese momento, el portador del anillo es llevado a un mundo paralelo donde queda atrapado entre sombras espectrales, mientras que el anillo se alimenta de la vitalidad de su cuerpo. Cuando Frodo queda seducido por el poder del anillo, se lo pone y a pesar de tener todo el poder en la Tierra Media, un poder por encima de cualquier criatura, un poder que lo aproxima a una deidad, entonces, es cuando Frodo queda eclipsado.

¿Cuál es el poder que garantiza el anillo? La promesa que el anillo ofrece no solo se puede reducir a la noción de poder, en un sentido soberano ni autoritario, pues hay reyes y magos, que a pesar de ostentar estos lugares, son seducidos por el mismo anillo. (Recordemos que cuando el novio de Laura le entrega el anillo de compromiso, ella comienza a sentir su desvanecimiento en el espejo.) No obstante, aquella promesa que maravilla a cualquiera tiene que ver con la posesión de otro artefacto adicional, algo que parece haberse perdido ya que alguna vez se cree que se poseyó, un objeto que remite a una completud imaginaria, que Irigaray identifica como la "matriz original",[157] que permitió al individuo magnificar su deseo más allá del poder. Este objeto, que lo ubicamos como referente directo de lo que produce el eclipse, es lo que Freud denominó como el falo.

Por mucho tiempo se ha tenido la lectura equivocada con respecto al falo. He aquí un lugar donde caen muchas de las críticas más feroces en torno al psicoanálisis, al pensar que cuando Freud define el falo está haciendo referencia exclusiva al miembro sexual del varón, es decir, el pene. En *El sexo y el espanto*, Quignard demuestra cómo desde su raíz

---

[156] Platón, *La república* [359a-360d]. Madrid, Alianza, 2012, pp. 60-64.
[157] Luce Irigaray, "El cuerpo a cuerpo con la madre", en www.debatefeminista.pueg.unam.mx/wp-content/uploads/2016/03/articulos/010_02.pdf

etimológica el *phallós* griego fue traducido al latín por *fascinum* y derivado de *fascinus*, amuletos que utilizaban los antiguos romanos para protegerlos del "mal de ojo" o *invidia*, a diferencia de *mentula*, que significa "pene" en un latín básico y soez. Incluso Quignard afirma la siguiente distinción entre ambas palabras latinas: "Como *mentula* (el pene) no es en absoluto lo que caracteriza a la humanidad, las sociedades humanas evitan exhibir un órgano erecto (*fascinum*) que recuerda demasiado llamativamente su origen bestial".[158] Por lo tanto, si seguimos una lectura reducida al órgano masculino, entonces habremos perdido de cuenta todo nuestro análisis anterior y el significado que ostenta el falo como parte de la estructura psíquica, y no tanto en su sustancia anatómica.

El 9 de mayo de 1958, Lacan concluye que el falo no es muchas cosas pero más en específico, no es un órgano. Dice Lacan: "El falo en la doctrina freudiana no es una fantasía [...]. No es tampoco como tal un objeto (parcial, interno, bueno, malo, etcétera...) [...]. Menos aún es el órgano, pene o clítoris, que simboliza".[159] Por lo tanto, ¿qué es el falo? En primera instancia, el falo es una función. Esta función da cuenta de una relación entre el falo, como objeto ausente, y la marca del deseo que constata la elaboración de un nudo, es decir, un encuentro. Consecuentemente, Lacan le atribuye al falo no solo la función de ser causa de deseo, sino que también le modifica su estatuto fundamental en el aparato psíquico: el falo es un significante sin significación. El falo es un significante vacío que permite que todos los demás significantes giren alrededor de éste para así generar un sentido: "es el significante destinado a designar en su conjunto los efectos del significado, en cuanto el significante los condiciona por su presencia de significante".[160] Sin embargo, ¿qué deseo promueve la presencia (o ausencia) del falo, en este caso, con el anillo de Frodo?

El falo es una marca cuya inserción en la cadena de significantes dará cuenta del movimiento del deseo. Aquello que se desea será el motivo para movilizar ese deseo, pero sobre todo para marcar una

---

[158] Pascal Quignard, *El sexo y el espanto*. Barcelona, Minúscula, 2005, p. 51.
[159] Jacques Lacan, "La significación del falo", *Escritos 2*. México, Siglo XXI, 2009, p. 657.
[160] *Idem*.

dirección en específico. Pero, ¿qué es lo que se desea? Si tomamos en cuenta al personaje creado por Tolkien, pareciera que todo hombre y criatura desean algo más que el poder absoluto que otorga el anillo, ya que al fungir como el falo que significa todo lo demás, produce el efecto de desear algo más allá. Más que anhelar el poder el sujeto desea sumergirse en la plenitud del eclipse donde se le retribuye, imaginariamente, la condición de completud, mientras que su condición mortal queda abolida. El sujeto (o una parte) desea su abolición. El eclipse ilusiona con la inmortalidad posible, o como lo expresa Kristeva, "paraíso no perdido".[161] Así la figura del eclipse no necesariamente convoca la idea de unidad, sino más bien, encapsula al individuo dentro de su propio desvanecimiento, a favor de la posibilidad de recuperar el paraíso perdido. La asunción del falo, como significante vacío, es el referente directo, por excelencia, de la figura del eclipse, dado que en el ocultamiento del sujeto aparece su figura más siniestra: la no-muerte (*undead*).

A lo largo de la obra freudiana, llama la atención no solo lo tardíamente que Freud prestó atención al "sentimiento oceánico", sino que precisamente haya vislumbrado este análisis en uno de sus escritos sociológicos. Al inicio de *El malestar en la cultura*, Freud responde a su nobel compañero, el escritor Romain Rolland, estableciendo que todo sentimiento yoico, en el origen de la vida, lo abarca todo, al contrario del sentimiento religioso de "eternidad", ya que al no haber una clara distinción entre el yo y el mundo, "el yo se desase del mundo exterior [así pues] originariamente el yo lo contiene todo".[162] Para Freud, a pesar de que el mundo exterior se contraponga al yo, las representaciones yoicas no dejan de manifestar un sentimiento que abarca una totalidad plena, así el sentimiento oceánico que propone Rolland. Dice Freud: "[...] los contenidos de representación adecuados a él serían, justamente, los de la ilimitación y la atadura con el Todo, esos mismos con que mi amigo

---

[161] Julia Kristeva, *New Maladies of the Soul*. Nueva York, Columbia University Press, 1995, p. 41.
[162] Sigmund Freud, "El malestar en la cultura", en *Obras completas*, t. xxi. Trad. de José L. Etcheverry. Buenos Aires, Amorrortu, 1986, p. 68.

ilustra el sentimiento 'oceánico'".[163] El yo, en un principio, queda atado a la totalidad ya que éste es precisamente la misma totalidad. Recordemos el fenómeno de especularización que propone Aulagnier. ¿Qué sucede, entonces, con el yo y su distanciamiento con el narcisismo primario?

En términos psicoanalíticos, no queda del todo claro la distinción que hace Freud en *Introducción del narcisismo* entre los conceptos de yo ideal (*Idealich*) e ideal del yo (*Ichideal*). Sin embargo, un análisis al respecto merece nuestra más detenida atención. Laplanche y Pontalis, en *Diccionario de psicoanálisis*, definen yo ideal de la siguiente manera: "Formación intrapsíquica que algunos autores, diferenciándola del ideal del yo, definen como un ideal de omnipotencia narcisista fraguado sobre el modelo del narcisismo infantil".[164] Cuando Freud enuncia que el desarrollo del yo depende de un distanciamiento del ideal, sí distingue entre un ideal que es la medida del yo actual, como desasimiento del narcisismo infantil, y un ideal que atrapa la satisfacción infantil: "Y sobre este ideal del yo (*Ichideal*) recae ahora el amor de sí mismo de que en la infancia gozó el yo real. El narcisismo aparece desplazado a este nuevo ideal del yo (*Ichideal*) que, como el infantil, se encuentra en posesión de todas las perfecciones valiosas".[165] Por lo tanto, no es que la dimensión del narcisismo desaparezca plenamente de la vida psíquica, sino que más bien encuentra un desplazamiento a nuevos destinos, como lo demuestra Marucco. Por un lado, se erige un ideal del yo (*Ichideal*), precursor del superyó, como una instancia ante la cual el yo se mide, y, por otro lado, se conserva en el yo ideal (*Idealich*) un reservorio de la satisfacción infantil que alguna vez se obtuvo en el eclipse, mismo que queda ligado al narcisismo primario. De esta manera, encontramos dos destinos, dos direcciones que parecieran opuestos en su intencionalidad. El primero dirigido hacia los ideales del yo, a partir de la asunción del complejo de Edipo, en donde el narcisismo secundario se traza como un proceso de contacto con el otro,

---

[163] *Ibid.*, p. 69.
[164] Jean Laplanche y Jean-Bertrand Pontalis, *Diccionario de psicoanálisis*. Barcelona, Labor, 1971, p. 491.
[165] S. Freud, "Introducción del narcisismo", en *op. cit.*, t. xiv, p. 91.

y el segundo, una tendencia hacia la no-diferenciación en el eclipse; ambas consagrando descargas narcisistas de distinta índole.

Después de Freud vemos que autores como Nunberg destaca la importancia del yo ideal (*Idealich*) como una formación anterior al super-yó. Asimismo, su estudio da cuenta que esta formación temprana es una organización donde se encuentra a un yo poco integrado y todavía unido al ello. En este sentido, en 1914, Freud advertía que el sujeto debe renunciar a esta satisfacción narcisista con el fin de entrar en contacto con la realidad, sin dejar la tendencia a querer recobrar el estado ideal. Por otro lado, Lagache toma en cuenta que la identificación del bebé con la madre es lo que fomenta la construcción del yo ideal (*Idealich*), una identificación primaria que alimenta la omnipotencia en el pensamiento y la fantasía. Sin embargo, no es hasta Lacan que encontramos el mayor peso y análisis que se le ofrece a la figura del yo ideal (*Idealich*). Para Lacan, esta instancia consiste en una construcción narcisista basada en la imagen especular que se refleja en el espejo.[166] El yo ideal (*Idealich*), constructo psíquico que pertenece al registro de lo imaginario, es la figura que, en términos psicoanalíticos, alude a la potencia y majestuosidad del narcisismo primario.

Es por ello que necesitamos tener cuidado en no definir el eclipse como una categoría o estructura psíquica, sino como un movimiento libidinal. Si bien es cierto que muchas de las organizaciones psicóticas demuestran un arraigo en las fuerzas del narcisismo primario y la exclusión del otro, tomemos en cuenta que el eclipse no es exclusivo de dicha estructura psíquica. En otros casos, como las adicciones o perversiones, también encontramos un intento por recuperar el paraíso perdido que ha dejado el eclipse. La búsqueda por una completud, cimentada en el goce corporal que produce cualquier sustancia u objeto crónico, denuncia la seducción de este estadio primordial en aras de lo que alguna vez se pensó ser: un todo, un yo ideal.

---

[166] J. Lacan, "Observación sobre el informe de Daniel Lagache: 'Psicoanálisis y estructura de la personalidad'", *op. cit.*, pp. 617-651. Además del ya clásico J. Lacan, "El estadio del espejo como formador del yo (*je*) tal como se nos revela en la experiencia psicoanalítica", *Escritos 1*. México, Siglo XXI, 2009, pp. 99-105.

Es común encontrar que algunos analizantes, sino es que todos, intenten, en el trascurso del tratamiento psicoanalítico, un retorno al estado idílico de una totalidad carente de fallas o rupturas, ausencia de dolor y malestar. Por ejemplo, un analizante en alguna ocasión me mencionó que él estaba seguro que cuando era niño el color de su piel era blanca y su cabello rubio, junto con un par de ojos azules, características contrarias a su tez morena y cabello oscuro, además del iris de sus ojos café. Sin embargo, su demanda era peculiar: "Quiero ser como era antes...". Asimismo, encontramos que muchos padres cuando solicitan análisis para sus hijos durante una tierna edad, desean que vuelvan a ser dóciles y amorosos y no tan díscolos y desobedientes como los ha convertido la trama edípica. En este sentido, la demanda es simple: desean ser redirigidos a la figura temporal del yo ideal, un paso próximo al eclipse, para seguir gozando de las delicias del narcisismo infantil.

Sin descuidar el gran valor clínico que aporta "Duelo y melancolía", que veremos más adelante, Freud nos encomienda a comprender las múltiples direcciones en las cuales, en el mejor de los casos, el aparato psíquico logrará la satisfacción, o simplemente una mera descarga. Si la sombra del objeto cae sobre el yo para eclipsarlo, habrá que tomar en cuenta que la ruptura del narcisismo es lo que posibilitará, en asistencia con el otro, el ingreso a una realidad compartida, más allá de un autoerotismo enajenante. Habrá mociones pulsionales donde el sujeto encuentre una satisfacción libidinal con respecto a aquellos ideales que se logren conquistar, siempre y cuando la marca que ha dejado la falta en sí promueva nuevos horizontes para el movimiento del deseo. En estos casos, el destino del narcisismo queda insertado en la satisfacción que se cumple a través del ideal del yo (*Ichideal*). Sin embargo, en otros casos, como nos lo demuestra el excelente análisis de Zupančič en torno a la figura del doble, o en la tradición de la literatura alemana, el *Döppelganger*, pensamos ilusoriamente que estamos ante la presencia del dos.[167] No obstante, la figura del doble, como ruptura

---

[167] Alenka Zupančič, *¿Por qué el psicoanálisis?*. México, Paradiso editores, 2013, pp. 107-129.

no supuesta de la imagen especular, nos lleva a pensar que en realidad estamos ante la figura del uno, la omnipotencia que manifiesta el lugar del eclipse. Ante el problema de que el doble es una figura de lo singular, más no de la alteridad, Zupančič confronta la tesis de que no todo redoblamiento o duplicación implica un dos, sino todo lo contrario. El doble nos regresa al uno originario: "Si esta figura es lo singular por excelencia, esto no significa que es simplemente una figura de lo uno. Su singularidad es más radical que la singularidad del uno. Esta figura no cuenta como uno. Más bien, es un uno incontable".[168] Este "uno incontable" se entiende como un uno eclipsado, valor donde no se puede contar a partir de su existencia. Según afirma Lacan, la constitución del uno solamente puede ser posible a partir de la condición del dos: "Es necesario que este dos constituya el primer número entero que aun no ha nacido como un número antes de que el dos aparezca. Hemos hecho esto posible porque el *dos* está presente para garantizar la existencia del primer *uno*".[169] Así encontramos que la presencia del uno surge a partir de una escisión fundacional, una fractura en el ser, que lo convierte en un dos contable, ya que lo único que estaría presente en el uno originario es esa primera marca del eclipse, pues sería un uno como estatus de cosa, un sujeto eclipsado, inexistente, anulado en su propio continente. En resumen, la cuestión del dos es la trama inicial del sujeto.

Por lo tanto, en el paso que acontece del uno al doble, en la duplicación del uno como uno más uno (1 + 1), nos encontramos de regreso en el imperio del narcisismo primario, campo fértil que alimenta la figura del eclipse; campo donde la desaparición del sujeto fomenta la ilusión de que en algún momento, en algún tiempo no lejano, en efecto, el individuo estuvo completo, sin falta alguna, pleno. Muchas veces dicho engaño quizás sea menos doloroso.

---

[168] *Ibid.*, p. 126. (La traducción es mía).

[169] J. Lacan, "Of structure as an inmixing of an Otherness prerequisite to any subject whatever", en Richard Macksey y Eugenio Donato (eds.), *The structuralist controversy*. Baltimore, Maryland, The John Hopkins Press, 1972, p. 191. (La traducción es mía).

PARTE II
SEPARACIÓN: *SE PARARE* | *SE PARERE*

10. La pregunta por el *Mitsein*

En la primera parte de la trilogía *Back to the Future* de Robert Ze-
meckis, encontramos una narrativa edípica y sus posibles efectos ante
la ausencia del complejo nuclear. Un adolescente Marty McFly (Michael J. Fox) regresa al año de 1955 en un DeLorean activado por la
combustión de plutonio. En aquel año acontece el momento en que
sus padres, George y Lorraine, se conocieron durante la preparatoria,
para luego casarse y formar su familia de tres hijos, siendo Marty el
menor. Lo interesante del viaje en el tiempo de Marty es que el matrimonio de sus padres corre peligro al surgir la posibilidad de que ambos
nunca se conozcan, impedidos por Biff Tannen, un *bully* que desea
hacer de Lorraine su novia a la fuerza, pero también por un inusitado
deseo de Lorraine por su propio hijo, que para esconder su identidad
dice llamarse Calvin Klein. Si los padres de Marty nunca se emparejan
entonces el futuro (de Marty) se borra. De tal manera que esta paradoja
del tiempo también tiene implicaciones psíquicas. Así, durante las últi-
mas escenas de la película, Marty, al temer que George nunca le declare
su amor a Lorraine, comienza a difuminarse. Primero desaparecen sus

hermanos en una fotografía que lleva consigo, referente de la imagen especular, pero luego es él quien se desvanece físicamente. ¿Qué es lo está en juego en el encuentro de los padres para que Marty y sus hermanos no desaparezcan?

Realicemos un *detour* necesario. La enseñanza de Lacan y su correlato con la escuela de relaciones objetales, en específico con Winnicott, no están muy distantes en cuanto a ciertos postulados. Mientras que en Winnicott la relación con el objeto ambiental sustenta la vigencia y el desarrollo del yo, en Lacan vemos algo parecido, donde el deseo del sujeto entra en el campo del Otro, es decir, el deseo como deseo del Otro. En ambos casos encontramos una relacionalidad implícita. Sin embargo, ambos difieren en un punto esencial.

La diferencia surge en cómo se define la división entre sujeto y objeto. De acuerdo a Winnicott, la presencia de la madre, como un objeto del mundo real, es introducida desde su dimensión positiva. La madre existe antes de que el bebé la pueda representar, además de brindar un sustento material con base a su presencia real. Por su parte, en Lacan encontramos lo contrario, ya que el objeto se hace presente a partir de su dimensión negativa, esto es, en su ausencia. He aquí un primer momento de cómo tomar el sentido de la relacionalidad entre sujeto y objeto. Mientras que uno propone un modelo positivo de relación entre un sujeto y un objeto, ambos distinguidos entre sí y siempre presentes, el segundo modelo basa sus postulados a partir de la ausencia de los mismos para permitir el surgimiento de ambos. Aunque en Winnicott el factor negativo que inserta el no-yo es fundacional para la distinción entre yo y no-yo más allá del eclipse, debemos recordar que de entrada, según él, ya hay dos elementos implícitos, una relación de dos entre sujeto y objeto, un *relatedness* ya apremiante. A diferencia de esto, con Lacan la cosa no es tan apremiante ni mucho menos establecida con anterioridad. En Lacan, el dos ya habla de una división, de una fractura en el uno, una escisión fundacional. Dicho de otra manera, lo que Lacan introduce en la práctica psicoanalítica es la noción de que ésta sea entendida más próxima a una ontología negativa a partir del sujeto del inconsciente.

Ahora bien, Winnicott, por su parte, establece la noción de espacio psíquico a partir de un espacio potencial. Lo que le interesa es aquella zona intermedia "necesaria para la iniciación de una relación entre el niño y el mundo".[170] Dicho espacio es de donde emanará "algo" nuevo, una hendidura que permita la potencialidad en su sentido creativo. Sin embargo, esto nos posiciona nuevamente en una contradicción con Lacan, ya que a partir de la brecha inaugural que divide al sujeto al nivel de la enunciación y tras la represión del significante-uno, en lugar de encontrar un espacio lleno de potencialidades Lacan evoca todo lo contrario: la hiancia (o brecha) abre el orden de lo no-realizado a manera de una imposibilidad. Dice Lacan: "En esta hiancia, sucede algo. Una vez tapado el hueco, ¿queda curada la neurosis? [...] la neurosis se hace distinta, se vuelve a veces simple achaque, *cicatriz* [...] del inconsciente. [...] ¿Qué encuentra [Freud] en el hueco, en la ranura, en la hiancia característica de la causa? Algo que pertenece al orden de lo *no realizado*".[171] Este orden de lo *no realizado*, no significa un ademán del sentido "Puedes llegar a ser todo lo que te propongas ser", exigiendo el potencial que supuestamente contiene el sujeto, sino que precisamente permite entender el centro desconocido que introduce la brecha que queda siempre abierta, sin significado previo, imposible de aprehender en su totalidad: la ranura desde donde el inconsciente hace de las suyas. Es esta misma rotura la que establece al sujeto en su dimensión imposible, pues una vez que la división se instaura ya no hay vuelta atrás, nunca se podrá borrar la fisura... ¿o acaso es así que nos hace creer la teoría mientras que la experiencia clínica nos muestra otra cosa?

La clave está en diferenciar entre un espacio potencial que promete posibilidades *ad infinitum* y otro espacio que surge de una rotura fundacional que nos arroja al orden de lo imposible. Mientras que partamos de una división constitutiva para fundar a un sujeto, será

---

[170] Donald Winnicott, "Objetos transicionales y fenómenos transicionales", en *Realidad y juego*. Barcelona, Gedisa, 1979, p. 31.
[171] Jacques Lacan, *El seminario. Libro 11. Los cuatro conceptos fundamentales del psicoanálisis*. Buenos Aires, Paidós, 1987, p. 30.

en esa hendidura donde se producirán fenómenos transicionales, más no de potencialidad sino de mitigación hacia lo no-realizado, es decir, el aparato psíquico hará lo necesario para no sucumbir ante el desvanecimiento del propio sujeto, aunque signifique crearse una realidad nueva o generarse síntomas propios de una neurosis. Así, lo que nos interesa en este punto es identificar cuáles son aquellos restos que deja esta división del uno tras sufrir la partición de su unidad. La disolución del eclipse nunca llega a ser absoluta, ya que siempre quedan migajas esparcidas en su trayecto.

Como hemos visto con anterioridad, existen varios tipos de eclipses. En este sentido, entenderemos que la caída del eclipse deja vestigios inconcientes que pueden resurgir durante etapas posteriores en la vida, ya sea a través de la vida sexual o amorosa, en el trabajo, en la familia, tras una separación o divorcio, a través del consumo de sustancias (alcohol y/o drogas), una enfermedad orgánica inusitada, los cambios de la pubertad, el nombre propio, el cuerpo, etcétera. La actualización del eclipse a lo largo de las distintas etapas de la vida es algo que permanece al orden de la negatividad.

La ruptura que surge a partir del desasimiento del eclipse no siempre lleva a resultados inmediatos de un establecimiento del dos, ni es garantía de que se establezca una relación con el objeto diferenciado en su totalidad. Así definimos cuatro posibles tipos de eclipses (total, parcial, anular o híbrido), en donde se anuda el orden de la borradura subjetiva ante una falla en la constitución del sujeto diferenciado del objeto. A pesar de que la fractura del uno implique una escisión en el sujeto, esta misma se instala de distintas maneras dentro de las áreas vitales. Por ejemplo, una chica con características neuróticas (histeria) comenta que tras la separación de sus padres siente un enorme peso encima: "como si no supiera qué pasa... siento que me difumino, que desaparezco y no entiendo porqué...". He aquí un caso de un núcleo eclíptico que se desencadena tras el divorcio de los padres, pues si éstos nunca se hubieran separado quizá nunca habría surtido efectos de este tipo en ella. Así, podemos visualizar los distintos restos que deja la disolución del eclipse de la siguiente manera:

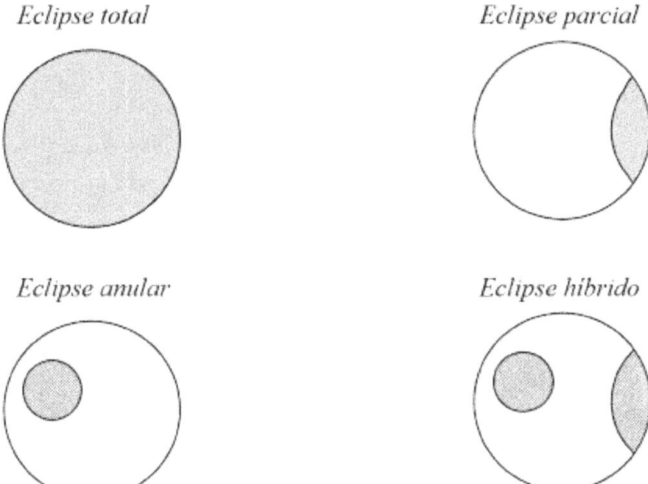

Figura 2. Tipos de eclipses

En muchos casos, quedarán núcleos no tramitados donde el eclipse nunca dejó de borrar aquellos elementos relacionados. El caso más radical podría ser un eclipse total (como en la psicosis melancólica, o cierto tipo de esquizofrenia), o casos parciales donde lo que está en juego es la separación de un objeto estimado (eclipse parcial). En este sentido, nos preguntamos si la ruptura ontológica que evidencia la herida del narcisismo ¿devela una fuente de posibilidades creativas o un corte sustancial que inserta la marca de su propia imposibilidad, es decir, la finitud?

Veamos un ejemplo literario: en su novela, *The Edible Woman*,[172] Margaret Atwood nos introduce a Marian McAlpin y cómo, a partir de su compromiso con Peter, ha dejado de comer. Más que la sensación de no querer comer alimento alguno, Marian siente que está siendo devorada por alguna fuerza extraña que la domina desde el momento en que contrajo dicho compromiso. Más allá de la metáfora feminista que

---

[172] Margaret Atwood, *The Edible Woman*. Nueva York, Bantam, 1996.

resulta de la posición literaria de Atwood y el año en que se publicó la novela (1969), una denuncia a la esclavitud que implica un matrimonio donde Marian se verá obligada a renunciar a su carrera profesional y someterse a engendrar hijos, hay algo en juego en este "sentirse devorada". En lugar de sentirse consumida por una pasión y soñar con ser la futura esposa de Peter, ella se siente meramente consumida. Pareciera que las noticias de su compromiso la han forzada a desaparecer como sujeto (mujer) y quedar absorbida por la obligación social de ser la esposa de un hombre exitoso. Como si su lugar de mujer profesionista, que sostiene una fuerte satisfacción libidinal en acreditar una existencia para sí misma, fuera arrebatada por una designación social —el matrimonio—, mientras que toda ella corre el riesgo de desaparecer. Estamos aquí ante un núcleo eclíptico. ¿Por qué un anuncio con este supuesto prestigio social genera una reacción así en Marian? Quizá la respuesta nos la pueda brindar otra figura similar: Laura.

A través de su análisis, Laura parece cuestionarse la misma interrogante que se hace Hamlet. Sin embargo, la pregunta resulta catastrófica pues su respuesta deviene en una decisión irresoluta: o todo o nada. Lo que le comenté a Laura durante una sesión es que una respuesta de este tipo nunca es tan sencilla.

> Ser o no ser, [ésa es la cuestión];
> si para nuestro espíritu es más noble sufrir
> las pedradas y dardos de la atroz fortuna
> o levantarse en armas contra un mar de aflicciones
> y oponiéndose a ellas darles fin.
> Morir para dormir, no más; ¿y con dormirnos
> decir que damos fin a la congoja
> y a los mil choques naturales
> de que la carne es heredera?
> Es la consumación
> que habría que anhelar devotamente.
> Morir para dormir. Dormir, soñar acaso;
> sí, ahí está el tropiezo: que en ese sueño de la muerte
> qué sueños puedan visitarnos,

> cuando ya hayamos desechado
> el tráfago mortal,
> tiene que darnos que pensar.[173]
>
> (*Hamlet*, acto III, escena 1)

"Ser o no ser" (*To be, or not to be*) ya está inscrito como una pregunta (*that is the question*), más no como una respuesta. Dormir (*to sleep*), soñar (*to dream*), morir (*to die*): poner fin a las exigencias y dolores provenientes de la carne (*...we end/ The heartache and the thousand natural shocks/ That flesh is heir to*).[174] ¿Cómo entender el ocaso del sujeto que está por sucumbir ante el sueño eterno para escapar de los infortunios que le depara la existencia misma? ¿Acaso es mejor "soñar" —morir en este sentido— para dejar de sentir el dolor de existir? Pero, ¿qué tipo de sueños se fabricarían carentes del cuerpo mismo (*this mortal coil*)? Una lectura apresurada nos haría pensar que el destino del eclipse es localizar al sujeto en la nada, en una existencia difuminada que alivia su dolor psíquico. Sin embargo, hay algo más que está en juego que pertenece al orden del uno: la supervivencia del narcisismo y sus destinos.

En el caso de Laura, lo que más la entristecía y preocupaba era la reacción de su madre. Sentía que su madre no aprobaba a su novio y a partir de las noticias del compromiso la percibía emocionalmente distante: "Ya no me habla... ni siquiera me voltea a ver". Momento curioso al ver que fue la misma madre la que llevó a su hija a análisis, como si hubiera una preocupación maternal en el sentido del "compromiso" terapéutico —el deber— más no en una dimensión afectiva. No dejarla hablar cimienta un discurso que absorbe a Laura, que no le permite hablar, pero ¿a cambio de qué? Asimismo, ¿qué relación existe entre su novio y el afecto de su madre? En este sentido, estamos ante la presencia e importancia del objeto de amor con una fuente originaria

---

[173] William Shakespeare, *Comedias, Tragedias, Dramas históricos, Romances y Poesías*. Trad. de Tomás Segovia. Barcelona, Debolsillo, 2012, p. 347. (Traducción ligeramente modificada).
[174] W. Shakespeare, *Hamlet*. Nueva York, Quality Paperback Book Club, 1997, pp. 74-75.

en el eclipse. El anuncio de compromiso provoca un corte entre Laura y su madre, entre Laura y su imagen narcisista. Pasar de un objeto a otro implica una ruptura, una desligazón de fuerzas inconcientes que aparecen como sustento de su propia imagen, pues como ella relataba: "ya no me puedo ver en el espejo... siento que estoy desapareciendo". En el momento en que se rompe ese núcleo eclíptico, aparece la herida narcisista. Separarse de la madre (¿o quizá unirse a su novio en una fusión siniestra?), suministro de la economía libidinal para Laura, es dejar ese núcleo de donde se amarra la vigencia del narcisismo: el uno se divide en dos.

La pregunta que formula Hamlet nos arroja al binomio de escoger por una opción: o todo o nada. He ahí lo trágico y violento del asunto. Pues la pregunta que se pronuncia carece de una respuesta afirmativa, ya que la misma pregunta es su propia respuesta. En este sentido, quizá una alternativa para evitar la polaridad existencial entre un todo o una nada, que al final de cuentas es el mismo destino eclíptico, sea responder en un sentido diferente.

En su análisis de la película de Ernst Lubitsch, *To be or not to be*, de 1942, Mladen Dolar afirma que es una de las mejores películas de la historia del cine.[175] La película es una comedia sobre el fascismo durante la Segunda Guerra Mundial. Muy a pesar del momento en que la película fue filmada, diciembre de 1941, un tiempo sumamente oscuro para Europa, ésta utiliza el motor de la comedia para tratar temas tan serios como la guerra y el nazismo. Sin embargo, el toque exacto que propone Dolar es que el título de la película, aunque convoca a la pregunta quizá más famosa de la humanidad (*To be, or not to be—that is the question*), no está planteada precisamente como tal. De acuerdo a Dolar, siempre hay algo obsceno con cualquier pregunta que se enuncia, pues inmediatamente posiciona al individuo en un lugar de culpable, alguien que debe rendir cuentas, respondiente y sujeto a quien formula dicha pregunta.

---

[175] Mladen Dolar, "¿Ser o no ser? No, gracias", en Mladen Dolar, Slavoj Žižek y Alenka Zupančič, *Ardillas a las bellotas.* México, Paradiso editores | UIA, 2018.

> ¿Qué hay en una pregunta? Pregunta abismal, pues al preguntar por la pregunta lo hacemos en forma de pregunta, y la forma misma está llena de trampas. [...] Siempre se está expuesto cuando se nos pregunta, estructuralmente produce culpa, una confesión de algo que debería de haber permanecido oculto, una intimidad, un goce escondido, un placer culposo, una falta de responsabilidad y vigilancia, algo que no puede ser encubierto y que no tiene razón suficiente, algo de lo que no se puede dar cuenta.[176]

La pregunta es una trampa de la cual no hay salida. El sujeto es forzado a responder "no ser", pues es la única respuesta factible. Y es en este punto donde Dolar retoma el valor fundamental de la comedia como aquello que zanja una salida, una tercera posibilidad al binomio existencial. Hay veces que al formularse la pregunta, y esto es algo que mantiene un efecto profundamente cómico durante la película, la respuesta es cómica, pues el respondiente se sale por la tangente. "¿Ser o no ser? Disculpe, tengo que ir a ver a mi mujer", "¿Ser o no ser? Hmm... lo estoy pensando", o como propone Dolar: "¿Ser o no ser? No, gracias". La comedia ofrece respuestas inesperadas no con el fin de desviar la atención del interlocutor ni mucho menos de evitar la respuesta, sino de afirmar que el sujeto no queda presa de la decisión forzada en ser o no ser. Dice Dolar: "Uno debe salirse de lugar [...]. Si al formular la pregunta en estos términos, ya está implicada la respuesta necesaria 'no ser', entonces la única forma de escoger 'ser' es elegir un ser fuera-de-lugar (*out-of-place*) sin lugar en esta alternativa, ni ser ni no ser".[177] En este sentido, la tercera opción precisamente le permite al sujeto no caer en la dualidad de serlo todo o ser nada, sino que así puede perseguir otro tipo de ser (*being*) no fundado en esta elección forzada: algo que ni es ni no es, sino que encuentra su camino a partir de la satisfacción en el objeto

---

[176] *Ibid.*, pp. 147-148.
[177] *Ibid.*, p. 151.

parcial, o sea, en los caminos divergentes que abre la pulsión. Formular la pregunta ya devela una ruptura en el sujeto, su falta ante la existencia plena del yo. Pero la respuesta no depende de ser una cosa u otra, sino en tratar de construir un tercer camino que le permita al individuo no quedar atrapado en la dualidad del ser y no ser. Este tercer camino es donde precisamente encontraremos los efectos de la abolición del eclipse. (Quizá pueda sonar que le restamos seriedad al sufrimiento de muchos pacientes que padecen de dolores más allá de una simple pregunta, pero hay que afirmar que la comedia es algo que se debe tomar en serio.)

Si bien es cierto que el destino de Hamlet siempre fue trágico desde un inicio, condenado desde el momento en que formula la pregunta, la apuesta radica en hacer algo con el desplazamiento del eclipse hacia un dos que permita la ligadura-desligadura con la alteridad: ingresar al campo del Otro. En el sentido de la práctica clínica, es necesario romper con el discurso autorreferencial a costo de soportar la herida del narcisismo y elaborar aquellos núcleos eclípticos inconcientes, con el fin de formar (un) otro camino. Como bien lo expresa Recalcati: "[...] si la vida cede en relación a su protección, si sale de sí misma, si no defiende su identidad de forma narcisista, existe una posibilidad de lazo con el Otro".[178]

De esta misma manera, Recalcati nos muestra a través de su práctica profesional con pacientes graves aquellas problemáticas que revela la clínica del vacío, dinámicas en donde los sujetos parecen quedar eclipsados en su dolor o por algo más. Ya sea una anorexia, toxicomanía o psicosis, los padecimientos del vacío refieren a un sentir en donde el sujeto no existe, su piel no logra, en el mejor de los casos, contenerlo, y su funcionamiento psíquico es meramente evacuativo dejándolo vacío, sin contenido ni sentido alguno. Pero más que entender esta clínica como aquella "falta en ser", como propone Lacan acerca de las

---

[178] Massimo Recalcati, "Meditaciones sobre la pulsión de muerte", en Jorge Alemán (ed.), *Lo real de Freud*. Madrid, Círculo de Bellas Artes, 2007, p. 87.

neurosis, estamos ante otro tipo de falla más allá de un retorno de lo reprimido como definición semántica del deseo.

> Los nuevos síntomas parecen definirse no tanto a partir de su carácter metafórico, enigmático y cifrado que adquiere el retorno de lo reprimido como agente de la división del sujeto, cuanto más bien a partir de una problemática que afecta directamente a la constitución narcisista del sujeto —en el sentido de que indica un defecto fundamental del mismo— y de unas prácticas de goce [...] que parecen excluir la existencia misma del inconsciente, en el sentido de que ese goce no se inserta en el intercambio con el Otro sexo, sino que se configura como un goce asexuado, producto de la técnica y de la química, fácil de conseguir en el mercado social y vinculado a una práctica pulsional determinada.[179]

Así como lo define Recalcati, siguiendo a Hugo Freda, la desvinculación del sujeto con ese otro sexuado, en un mundo desprovisto de un valor significante, ocasiona la misma desaparición del sujeto en un goce-uno: el sujeto eclipsado. El individuo se aferra al núcleo eclíptico con el fin de sobrevivir a costo de su propia muerte. Pero, ¿por qué desaparece? ¿Qué acaso no es el mismo eclipse el que borra y desvanece al sujeto en sí? Asimismo, ¿cómo se establece la experiencia con la alteridad a partir de una constitución primordialmente narcisista? ¿Podemos seguir hablando de un ser como tal? Precisamente, esto es lo que está en juego: el lugar del ser a partir de los destinos del narcisismo.

Para Winnicott, el jugar, como verbo sustantivado, es el lugar del ser: relevo que le permite emerger ahí (*da*). Recordemos que el mismo nieto de Freud, el pequeño Ernst, jugaba al *fort-da* no tanto como un acto repetitivo por reaparecer a la madre tras su partida, sino que cuando se desprendía del carretel arrojaba algo de sí mismo hacia el

---

[179] M. Recalcati, *Clínica del vacío*. Madrid, Síntesis, 2003, p. 11.

mundo, es decir, al campo del Otro. Por eso, según Winnicott, el jugar aparece más en términos de una comunicación, entendida como una participación con los demás, ya sea a través del uso de palabras, en la inflexión de la voz o hasta en el mismo sentido del humor.[180] Tal como lo evidencia su raíz etimológica, *communicatio*, que proviene de *communis*, "algo en común, público, compartido por todos o muchos",[181] y que se compone de *co-* ("juntos") + *-moin* ("intercambio"). Asimismo, *munia* nos acerca al sentido del deber o función pública, relacionado al cargo público de los funcionarios estatales. Entonces, el jugar evidencia la necesidad de alguien más, ese otro del mundo, para comunicar.

De esta manera, Winnicott refiere a dos momentos del jugar: 1) "El niño y el objeto se encuentran fusionados"; 2) "El objeto es repudiado, reaceptado y percibido en forma objetiva".[182] En otros términos, en el ir y venir del juego, en comunicar a otros, el compartir con el prójimo, Winnicott sitúa el paso de la omnipotencia infantil hacia la manipulación del objeto: el objeto-subjetivo se distingue del objeto-objetivo. Es decir, el jugar despierta una acción entre la experiencia subjetiva y el campo de lo objetivo, pues además de hallar los elementos necesarios para afianzar la tríada construir-destruir-reconstruir, el juego compromete al cuerpo. Dice Winnicott: "La excitación corporal en las zonas erógenas amenaza a cada rato el juego, y por lo tanto el sentimiento del niño, de que existe como persona".[183] En otras palabras, se espera que el jugar sea satisfactorio de acuerdo a que la misma existencia, como posicionamiento del ser en el mundo, también lo sea.

Asimismo, podemos retomar la tesis de Flusser para resaltar la importancia del jugar como un diálogo. Según Flusser, todo jugador "juega con fragmentos disponibles de información" para establecer un intercambio.[184] En este intercambio, lo que acontece, o lo que se espera

---

[180] D. Winnicott, "El juego", en *op. cit.*, p. 63.

[181] Joan Corominas, *Diccionario crítico etimológico castellano e hispánico*, t. II. Madrid, Gredos, 1980, p. 163.

[182] D. Winnicott, "El juego", en *op. cit.*, p. 71.

[183] *Ibid.*, p. 77.

[184] Vilém Flusser, *El universo de las imágenes técnicas*. Buenos Aires, Caja Negra, 2015, p. 121.

que suceda inesperadamente, es que se produzca algo inédito. De tal manera, el trabajo creativo (por ejemplo, del artista) no dependerá de que sea absorbido por la inspiración, sino que tendrá que crear un diálogo con otros y consigo mismo para que el vértigo de la caída —reducción a la nada— sea transformado en un vértigo de la aventura. Así, Flusser define que el jugar es entendido como una aventura lúdica que se opone a la programación ya inscrita de la especie, de tal manera que al abrirse esta aventura (con el jugar) es como se puede dar el paso a la apertura de lo nuevo, una manera diferente de relacionarse con el mundo y el otro.

Por otro lado, recordemos que la cuestión del ser y tener son retomados, en la obra de Winnicott, a partir de los elementos femeninos y masculinos, respectivamente. Así lo expresa Winnicott: "[...] el elemento femenino puro se relaciona con el pecho (o con la madre) en el sentido de que *el bebé se convierte en el pecho (o en la madre), dado que el objeto es el sujeto*".[185] Por su parte, lo "'masculino' establece contactos en términos de relacionarse en forma activa o de estar relacionado de manera pasiva, respaldadas ambas por el instinto".[186] Entre la fusión del bebé con el pecho y el establecimiento de una relación con el objeto separado, que implica un distanciamiento del eclipse, es decir, un corte, lo que le preocupa a Winnicott es la noción del ser absorbido en el jugar: el diálogo con la alteridad.

Antes de continuar con el proceso del jugar, vale la pena abrir un paréntesis y retomar la lectura que hace Green con respecto al tema del ser (*being*) en Winnicott. En *Pensar el psicoanálisis*, Green destaca que Winnicott se interesó tardíamente por la cuestión del ser. Para ser precisos, no fue sino hasta 1966, cinco años antes de su muerte. En este texto, Green establece que la cuestión del ser nunca es estática sino que implica la creatividad y, sobre todo, aquello que trasmite la madre al bebé. Explica Green: "Al comienzo se presume que el bebé, que solo existe en fusión con el ambiente, no tiene un ser

---

[185] D. Winnicott, "La creatividad y sus orígenes", en *op. cit.*, p. 110.
[186] *Idem.*

propio. Solo la persona de la madre lo tiene. La situación de identidad primaria no es únicamente una fusión sino una *transfusión*, pues el ser de la madre se transmite al niño a la manera de una transfusión sanguínea".[187] Solo el momento de la separación dará cuenta de aquello que el bebé ha heredado como sentido del ser en su existencia. No obstante, Green se preocupa por entender la razón por la cual Winnicott decide expresar el lugar del ser exclusivamente a partir de los elementos femeninos, despojando, a su vez, toda noción del conflicto pulsional. Para Winnicott, el ser era entendido, entonces, como el triunfo sobre la destrucción de las pulsiones sin necesariamente hablar de ellas, es decir, "el ser estaría más allá de las pulsiones. Freud atribuye a las pulsiones de amor y de vida la función de contrarrestar las pulsiones destructivas. Winnicott prefería hablar de SER".[188] Por lo tanto, si la muerte acechaba a Winnicott (ya había presentado dos infartos, en 1957 y 1966) y decide por anestesiar los efectos de la pulsión de muerte, lo que implicaba terminar con el "seguir siendo", posición inmanente del ser, Green detalla que una manera en que Winnicott se anticipaba a su propio fin era hablar del ser más que del propio derrumbe de su vida ocasionado por la fuerzas pulsionales que no tomaba en cuenta. En resumen, la muerte es la mayor amenaza del ser por lo que quizá el juego sea una manera de entrelazar la fuerza pulsional en aquellas vivencias que sostienen, de una manera winnicottiana, la existencia misma. El peligro radica en negar el conflicto pulsional que edifica precisamente toda la cuestión del ser.

Si a través de sus avances teórico-clínicos Winnicott se interesa por el ser, al mismo tiempo se acerca a la cuestión del uno. Sin embargo, este uno, para Winnicott, siempre será un uno en comunicación con otro: un uno no dividido. He aquí la problemática irresuelta que se ha planteado desde un inicio. Winnicott afirma que el sentimiento de la persona y la identidad no pueden surgir "salvo sobre la base de esa relación en el sentido de *ser*. Ese sentimiento de ser es anterior a

---

[187] André Green, *Pensar el psicoanálisis*. Buenos Aires, Amorrortu, 2017, p. 97. (Las cursivas son mías).
[188] *Ibid.*, p. 110.

la idea de ser-con-uno, porque hasta entonces no hubo otra cosa que identidad. Dos personas separadas pueden *sentir* que son una, pero aquí, en el lugar que examino, el bebé y el objeto *son* uno".[189] Si el bebé y el objeto *son* uno mismo, forman un eclipse entre sí, entonces, ¿qué hay del otro a partir de los elementos masculinos de separación? ¿Acaso existe este otro con anterioridad? El otro solamente surge a partir de la separación con el objeto. Sin embargo, aquí mismo es donde proponemos a un Winnicott muy allegado a la fenomenología heideggeriana.

Cuando Heidegger plantea en *El ser y el tiempo* la noción del ser como un ser-ahí (*Dasein*), un ser en el mundo, denota una modificación que pocos, con excepción de Jean-Luc Nancy, han tomado en cuenta. Heidegger denomina el *Dasein* como ser-ahí en el mundo, propio de un *Mitsein* (ser-con), incluso lo define en ocasiones, para los otros, como *mit-da-sein* (ser-ahí-con). En este caso, el ser-ahí (*Dasein*) es entendido como un ser específico en el mundo: "el *Dasein* es inmediata y regularmente poseído por su mundo".[190] De esta manera, el ser-ahí, al ser-ahí en el mundo, nunca está aislado de los otros parecidos a sí en lo que conforma su cotidianeidad, ya que el "ser en el mundo" es lo que estructura fundamentalmente al *Dasein* en sus modos de ser, siendo el ser-con (*Mitsein*) un modo en específico. Dice Heidegger: "En razón de este *concomitante* 'ser en el mundo' es el mundo en cada caso ya siempre aquel que comparto con los otros. El mundo del 'ser ahí' es un 'mundo del con'. El 'ser en' es 'ser con' otros. El 'ser en sí' intramundano de éstos es 'ser ahí con'".[191] El "con" (*mit*) no es una añadidura a la estructura del *Dasein*, sino más bien ya forma parte de la propia estructura: "el *mit* no califica ni siquiera al *Dasein*, sino que lo constituye esencialmente".[192] (Recordemos el

---

[189] D. Winnicott, "La creatividad y sus orígenes", en *op. cit.*, p. 111.
[190] Martín Heidegger, *El ser y el tiempo*. México, FCE, 1971, p. 129.
[191] *Ibid.*, p. 135.
[192] J.-L. Nancy, "Del ser-en-común", en *La comunidad desobrada*. Madrid, Arena Libros, 2001, pp. 152-153.

carácter intencional de la consciencia a partir de la fenomenología de Husserl en el artículo de Butler.[193])

Pero la cuestión por el ser no termina ahí. Este *Dasein* que no queda aislado y que es *Mitsein* debe procurar a los demás. Aquello que esta "a la mano" en el mundo, según Heidegger, será comprendido como el intercambio existenciario a manera de una puesta en libertad del ser-ahí y de los otros que también son. Es decir, el *Mitsein* con respecto al *Mitdasein* de los demás no implica una totalidad de unidades, sino una abertura existencial del ser: "El 'estado de abierto' del 'ser ahí con' de otros, estado inherente al 'ser con', quiere decir: en la comprensión del ser que es inherente al 'ser ahí' está implícita, por ser el ser del 'ser ahí' un 'ser con', la comprensión de otros".[194] (Así, cualquier pregunta es necesariamente una apertura del ser.) No obstante, para Heidegger, esta comprensión de otros no está exenta de engaños, como lo formula la "proyección sentimental" psicológica que trata de hacer del otro una distensión del propio ser, o el procurar al otro a manera de sustitución más que de una devolución de su propia cura, en el sentido heideggeriano. De esta manera, estamos ante la dimensión existenciaria del ser-con (*Mitsein*) a partir del encuentro con otros con el fin de forjar una diferencia y no borrarla. En resumen, el *Mitsein* no es la acumulación de varios sujetos a manera de números sin interacción, sino que es la condición existenciaria a partir de la diferencia misma.

> Cuando el "ser ahí" descubre y se acerca realmente el mundo, cuando se abre a sí mismo su ser propio, siempre tiene lugar este descubrir el "mundo" y abrir el "ser ahí" como un quitar de en medio los encubrimientos y oscurecimientos, como un destruir las desfiguraciones con que el "ser ahí" se echa el cerrojo a sí mismo.[195]

---

[193] Véase *supra* p. 63.
[194] M. Heidegger, *op. cit.*, p. 140.
[195] *Ibid.*, p. 146.

¿Qué acaso este "cerrojo a sí mismo", encubrimientos y oscurecimientos implícitos, rotura de la relación entre el sujeto y el Otro, no nos acerca un poco a detallar los efectos que produce el eclipse? ¿Acaso no es el propio eclipse el que encubre al sujeto, el que lo borra en su existencia, en el devenir sujeto con los demás? Si la sustancia del hombre es la existencia, como lo afirma Heidegger, entonces, debemos emprender un mayor estudio a lo que Winnicott propone con respecto al jugar, mejor entendido como un jugar-con (*Mitspielen*). No se trata de un jugar lúdico en el sentido de una terapia de juego, sino de una existencia, un hacer existir a través del jugar (*spielen*). Recordemos que el jugar no se reduce a la cuestión de juguetes y juegos, actividad lúdica que brinda satisfacción en varias etapas de la vida, sino que también establece el problema de la comunicación, de lo compartido con los demás, del sentido con otros: "Un ser sin otro (o sin alteridad) no tendría sentido, no sería más que la inmanencia de su propia posición (o bien, lo que viene a ser lo mismo, de su propia suposición infinita)".[196] ¿Qué más infinito, pues, que el propio narcisismo?

No es fortuito, entonces, que el mismo Winnicott haya retomado la figura de Hamlet en el sentido de que el personaje busca una alternativa a la idea de ser. Escribe Winnicott: "[Hamlet] trata de hallar un camino para formular la disociación que se ha producido en su personalidad, entre sus elementos masculino y femenino, que hasta el momento de la muerte de su padre habían vivido juntos, en armonía, como aspectos de su persona ricamente dotada".[197] Habría que comprender que en la disolución del eclipse también entra en vigor lo que se define como los destinos del narcisismo, acueductos desde donde la trama existenciaria sigue buscando afianzarse a la supervivencia del uno desde la dinámica pulsional (auto-conservación), en lugar de arrojar una apuesta hacia el mundo, al ser-con, a un dos dividido insertado dentro del campo del Otro, es decir, a *lo* sexual.

---

[196] J.-L. Nancy, "Del ser-en-común", en *op. cit.*, p. 158.
[197] D. Winnicott, "La creatividad y sus orígenes", en *op. cit.*, p. 115.

Así, en Heidegger, encontramos que el sujeto debe su presencia a una pérdida, más no a una privación: pérdida del "sí mismo".[198] Pues bien, recordemos que en Lacan, esta pérdida es lo que establece la dimensión del sujeto en sí: "es necesario encontrar al sujeto como un objeto perdido. Más preciso, este objeto perdido es el soporte del mismo sujeto y, en muchos casos, es una cosa más abyecta de lo que nos gustaría considerar".[199] Por lo tanto, entendemos que el soporte del sujeto como objeto perdido se justifica gracias al lugar de la negatividad: sin ausencia no hay objeto y, en turno, no habrá sujeto. Dicho de otra manera: "o esta pérdida existe o de plano no existe. Si existe, entonces, es posible designarla como pérdida a partir de un sistema simbólico".[200] Entonces, volcarse sobre esta pérdida y aceptar al sujeto constituido por una división hace posible que la categoría existenciaria no permita que el sujeto quede aislado —"ser solo"—, presa de su narcisismo y efecto de su propio borradura, sino que necesita ser-con los demás, amortiguado en el campo del Otro, en un sistema simbólico de lenguaje con otros: *communicatio*.

Por último, podemos entrever lo que realmente implica el soporte del lugar de la negatividad. Mientras que en Hamlet, la muerte del padre o la pérdida de un objeto estimado, despierta los núcleos eclípticos que auguran el destino trágico del héroe, sin mediación hacia el suicidio (pues de eso se trata la obra y el monólogo de Hamlet) y el matricidio, encontramos otra vía alterna en el personaje de Marty McFly. Ahí vemos que el deseo incestuoso de su madre, desde que se enamora de "Calvin Klein", siempre está impedido por un obstáculo indirecto: Biff. Es el *bully* el que permite que ese deseo incestuoso, perturbador y siniestro en su dimensión real, nunca se concrete desde un inicio, hasta que el padre de Marty releva esa función. Dicho de otra manera, la desaparición de Marty y sus hermanos siempre estuvo

---

[198] M. Heidegger, *El ser y el tiempo*, p. 129.
[199] J. Lacan, "Of structure as an inmixing of an Otherness prerequisite to any subject whatever", en Richard Macksey y Eugenio Donato (eds.), *The structuralist controversy*. Baltimore, Maryland, The John Hopkins Press, 1972, p. 189. (La traducción es mía).
[200] *Ibid.*, p. 196. (La traducción es mía).

impedida por Biff, quien prohibía el retorno al eclipse, a pesar de que Marty haya atravesado las fronteras del tiempo. Vale la pena retomar el artículo de Loewald, quien refiere al doble movimiento de la unidad que engolfa al sujeto: "De lo que el yo (o aparato psíquico) se defiende no es de la realidad sino de la pérdida de realidad, de la pérdida de una integración con el mundo tal como existe en la relación libidinal con la madre, y con la cual el padre parece interferir en la situación edípica (amenaza de castración)".[201] Por lo tanto, al mantener la unidad (narcisista) se promueve el peligro por la alienación del sujeto (temor por regresar al vientre materno), por lo que forjar la separación es sembrar los riesgos de cortar tajantemente al yo de sus objetos (temor por la castración totalizante).

Como nos lo recuerda Lacan, el sujeto es el efecto de una repetición del desvanecimiento del uno, su obliteración, pues si este uno no desaparece, entonces, el sujeto no puede llegar a fundarse desde su propia división. Es necesario desistir del eclipse, lugar del narcisismo primario, ya sea en su totalidad o parcialidad, ya que para surgir como sujeto eso es lo único que se requiere. Quizá una simple pregunta sea el combustible necesario para ofrecer esa apertura del ser ante el mundo y los demás. En este punto es preciso aclarar que nos alejamos de toda tradición intersubjetivista que favorece la mediación de un sistema dual primordial a cambio de tolerar un orden de inter-rogación, de soltura por el uno aislado y sus efectos en la separación. El riesgo está que en el intento, en el salto hacia el mundo, en el momento en que se despoja de la piel del narcisismo hacia la vida y la muerte, el individuo quede suspendido en el umbral de una certeza. Pero es cierto, formular una pregunta es estar constantemente en falta, trastabillar en la existencia del propio yo, pero el hecho de lograr elaborarla ya es decir mucho.

---

[201] Hans Loewald, "Ego and reality", en *Papers on psychoanalysis*. New Haven, Connecticut, Yale University Press, 1980, p. 12.

11. Los engaños del dos: amor y deseo

Hegel definió al ser como producto de un proceso dialéctico. Enturbiado como un ser aparte del reino animal y estudiado en una época anterior a las investigaciones realizadas por Darwin, Hegel habla del hombre como un "animal enfermo" que al desviarse de su naturaleza, esto es, de lo dado en sí, necesita encontrar una solución para su desamparo. Es así que llega a plantear el devenir histórico del hombre: su exigencia por trascender. En 1807, con la publicación de *Fenomenología del espíritu*, Hegel establece lo siguiente: "[...] el yo no significa un representarse o un pensar múltiple, ni la cosa tiene la significación de múltiples cualidades, sino que la cosa *es*, y *es* solamente porque *es*; ella *es*: he ahí lo esencial para el saber sensible, y este puro *ser* o esta inmediatez simple constituye la *verdad* de la cosa".[202] En este sentido, el único saber que posee el ser es que *es*. No obstante, en este planteamiento inicial, Hegel realizará un movimiento que constata la

---

[202] Georg Wilhelm Friedrich Hegel, *Fenomenología del espíritu*. México, FCE, 1966, p. 63.

distinción fundamental del puro ser (inmediatez): la mediación de sus propiedades entendida como la introducción del ejercicio dialéctico.

A partir de la certeza sensible que obtiene el saber de lo inmediato, Hegel propone que quedan dos propiedades fuera del puro ser, es decir, tanto el *éste* (yo) como el *esto* (objeto) toman una distancia como efecto de una mediación mientras permanecen como un *ejemplo* de la misma inmediatez. Dicho de otro modo, es a partir de esta mediación que se logra trazar la diferencia entre la esencia o inmediatez y todo aquello mediado como simulacro de lo que se nos presenta. Es así que encontramos un "paso grávido de consecuencias" al tener en cuenta una escisión fundacional del puro ser. Dice Hegel: "[...] lo uno está puesto como lo que es de un modo simple e inmediato o como la esencia, es el *objeto*; en cambio, lo otro lo está como lo no esencial y mediado, que es allí no *en sí*, sino por medio de un otro, el yo, *un saber* que sólo sabe del objeto porque *él es* y que puede ser o no ser".[203] Lo que Hegel logra evidenciar con este movimiento es una simple ruptura, una división que ocasiona la diferencia entre el objeto (la esencia) y el yo (lo no esencial y mediado). En este sentido, el yo no es otra cosa más que el surgimiento de una mediación con respecto al objeto como conciencia. Sin embargo, hay algo más que destacar dentro de este proceso.

Conforme se establece la distinción entre el yo y lo inmediato (la esencia), es cierto que la universalidad del yo solo puede surgir a partir del ahora (*Jetzt*). Sin embargo, este sedimento amarra al yo dentro de un ahora que nunca puede ocupar, esto es, el ahora ya fue. ¿Cuál es *este* ahora? ¿El que acaba de pasar? Entonces el ahora ya no es ahora, sino que fue un tiempo pretérito que no permite al yo distinguirse en su formalidad temporal de ser ahora, en este momento presente. Es aquí que Hegel logra realizar su primer movimiento dialéctico al introducir la figura de la negatividad: "El ahora tal como se nos presenta, es algo que *ha sido*, y ésta es su verdad; no tiene la verdad del ser. Su verdad consiste, sin embargo, en haber sido. Pero lo que *ha sido no es*,

---

[203] *Ibid.*, p. 64.

de hecho, *una esencia*; *no es*, y de lo que se trataba era del ser".[204] En este "*no es*" es donde se juega toda la fuerza de mediación que ocupa la negatividad en el establecimiento del ser pues el "*no es*" deja de ser inmediato en el momento en que ya fue. Si la certeza sensible nos permite poseer una percepción de las cosas del mundo, aquello que se indica como un *esto* que está al alcance, entonces el ejercicio de la negatividad brindará un soporte para distinguir aquellas cosas de las que no son, es decir, de percibir las cosas a partir de su negatividad. Por ejemplo, podríamos decir que *esto* no es un triángulo porque no posee las cualidades que se les conocen a las figuras geométricas circulares como el círculo o la elipsis. Es por ello que cuando Hegel enuncia que "[e]l objeto que yo capto se ofrece como un *puro uno*; mas yo descubro también en él la propiedad que es *universal*, pero que, por serlo, rebasa la singularidad",[205] en realidad nos está preparando para afrontar el proceso dialéctico desde un desarrollo de contradicciones inherente al ser. En resumen, el establecimiento del yo es un proceso que se sostiene a partir de su propia contradicción.

Efectivamente, todo proceso de contradicción emana un momento de tensión o choque de fuerzas. En este sentido, podemos aseverar que el elemento que inaugura este choque no es otra cosa más que la apetencia o el deseo. Así lo afirma Kojève en su lectura de *Fenomenología del espíritu*: "El deseo es lo que transforma al ser".[206] De esta manera, el propio deseo es lo que ejerce la presión para que el ser enuncie "Yo..." (*Ich/Je*), mientras que lo que revela esta declaración es la fundación de todo elemento contrario, es decir, de todo aquello que *no* es yo. No obstante, el deseo irrumpe en el ser y logra destruir toda satisfacción, ya que en el momento en que la apetencia quede satisfecha (como el hambre) entonces no habrá transformación alguna sino pura saciedad. Así, el deseo logra establecerse a partir de su dimensión negativa al brindar no una destrucción total de la acción, sino perpetuar el movi-

---

[204] *Ibid.*, p. 68.
[205] *Ibid.*, p. 74.
[206] Alexandre Kojève, *Introduction to the reading of Hegel.* Ithaca, Nueva York, Cornell University Press, 1980, p. 3.

miento mismo del ser hacia la construcción de otras vías de satisfacción; el deseo es la acción misma. Según Kojève, toda acción, al ser negadora de su propia satisfacción con el fin de mantenerse vacío, abre una dimensión negativa en el yo: al recibir un contenido positivo se le debe destruir primero (acción negadora) para permitir la transformación de lo negativo en presencia. Dicho de otro modo, el yo quedará como una entidad vacía (negativa), un no-yo, con el propósito de permitir la negación de un contenido en aras de convertirlo en positivo, un yo propiamente dicho. Dice Kojève: "Este yo, que se 'alimenta' de deseos, será en sí mismo deseo en su propio ser, creado en y por la satisfacción de sus deseos".[207] Su acción negadora será convertir al yo en una entidad vacía que le permita desear y lograr convertirse en lo que no es: su propio deseo, su propia negatividad. Esto es lo que Hegel propuso como la auto-conciencia, o en la finalidad del choque de fuerzas, la lucha entre conciencias.

Esta lucha entre conciencias, que posteriormente se recalca con mayor énfasis como la dialéctica del amo y el esclavo, no es otra cosa más que una exhibición de opuestos. De esta manera, las fuerzas empujan al yo a un desdoblamiento al tener que separarse en un "para sí" y un "para otro". En efecto, el desdoblamiento sustrae de la unidad un juego de dualidad entre fuerzas, un efecto que evidencia la tendencia hacia el sí mismo de la fuerza y la dimensión de un otro más allá de sí. O es *en* y *para sí* o es *para otro*. Sin embargo, este conflicto siempre es interno. He aquí que Hegel expresa su mayor afinidad con respecto al yo, pues el contenido del mismo siempre estará expuesto a partir de esta relación de opuestos: "[...] es él mismo contra otro y sobrepasa al mismo tiempo este otro, que para él es también sólo el mismo".[208] El yo no puede llegar a ser si no es a partir de su mediación con su opuesto, el no-yo, estableciendo la posibilidad de una relación dialéctica. El yo es un proceso dialéctico que se construye/ destruye desde su propia contradicción: el yo es un desdoblamiento

---

[207] *Ibid.*, p. 5.
[208] G. W. F. Hegel, *op. cit.*, p. 107.

130

en su propio opuesto, es decir, su negatividad. Tal como lo afirma Kojève: "Esta negatividad en el ser asociada a la identidad del ser es la que escinde a ese ser en objeto y sujeto y crea al hombre opuesto a la naturaleza".[209] Si la negatividad del ser en su propia identidad es lo que provoca la escisión fundacional entre objeto y sujeto, lo que realiza una operación de vuelta hacia el propio yo, entonces podríamos estipular que el hombre es una aberración de la naturaleza. El yo entendido como algo que emerge de la negación de lo dado en sí —su naturaleza— resulta ominoso, pues es algo que no estaba previsto en el programa divino. Por lo cual, entonces, el yo es el verdadero *Unheimlich* de la naturaleza, algo que no se esperaba ni se tenía en cuenta; una anomalía en el sistema.

Según Hegel, todo proceso dialéctico es un ejercicio regulado de una contradicción, elemento innato a todo ser humano. Hasta este momento vale la pena destacar una acepción: mientras el mundo natural queda "destruido" al ser negado, el mundo histórico edifica sus cimientos a partir de esta acción negadora. Según Kojève, la negación de lo dado (naturaleza) da cuenta de que la realidad dialéctica del yo no es natural, pero sí ofrece una solución que nos permite destacar el valor sustancial de la negatividad: negar lo dado es forjar la creación.[210] Mientras la negatividad quede como una acción, su devenir histórico permitirá al ser la construcción de un proyecto. Por lo tanto, todo proceso dialéctico emana de la contradicción, es decir, de un desdoblamiento del propio yo en su mediación con las cosas (este paso solamente es posible a partir de su propia escisión). Dicho de otro modo, lo que la negatividad introduce en el yo es su propia destrucción a la vez que inaugura el comienzo de su vida como apetencia.

Hasta este momento podríamos caer en el error de compactar en una misma definición todo aquello que se refiere al ser, al sujeto y al yo como equivalentes conceptuales. No podríamos estar más equivocados si pensáramos que estos tres conceptos son sinónimos entre sí, por lo

---

[209] A. Kojève, *La idea de la muerte en Hegel*. Buenos Aires, Leviatán, 2006, p. 16.
[210] *Ibid.*, p. 20.

cual tendremos cuidado en destacar que todo lo que hemos propuesto a lo largo de la dialéctica hegeliana no es otra cosa más que el valor fundamental de la división del concepto. En otras palabras, la escisión que se presenta en estos tres conceptos es lo que precisamente permite la fundación de los mismos. Mientras que el yo es un proceso dialéctico, al no existir una ruptura del mismo a partir de su propia negatividad, entonces dicho concepto no puede devenir; es decir, el yo se quedaría en lo inmediato del conocimiento sin mediación alguna haciendo de éste un mero producto de su naturaleza, un ser puro, y no su desviación. La ruptura que opone a estos tres conceptos entre sí constata la propia incompletud que permite afirmar su vacuidad. La negatividad que sostiene tanto al yo, al sujeto y al ser, es entendida como el proceso dialéctico de una contradicción que encuentra su solución en la oposición del hombre con su naturaleza. Mientras que Green afirma que el devenir del yo emerge desde el proceso dialéctico entre el yo y el objeto,[211] nosotros proponemos que el surgimiento del yo se establece a partir de la contradicción inherente entre el yo y el no-yo. Si el yo es dialéctico, no es necesariamente a partir de su distinción con respecto al objeto del mundo, sino a partir de una distancia consigo mismo. El yo está edificado a partir del no-yo, su propia negatividad y cimiento de la contradicción inherente que promueve su escisión, para posteriormente devenir un yo en relación con el objeto. El yo es dialéctico porque siempre estará oponiéndose a sí mismo, he ahí su conflicto inmanente por devenir.

Hegel afirma que el desdoblamiento de fuerzas provoca que la unidad se despliegue en dos. Así lo afirma: "La unidad se ha desdoblado, porque es un unidad absolutamente negativa o infinita".[212] En este mismo sentido, de acuerdo a la lectura que realiza Kojève,[213] si el hombre se crea a partir de la acción de la negatividad, entonces este mismo valor de lo negativo promoverá una separación: separar al hombre de su naturaleza y entorno. La potencia de lo negativo está en la fuerza

---

[211] André Green, *Life narcissism, death narcissism*. Londres, Free Association Books, 2001.
[212] G. W. F. Hegel, *op. cit.*, p. 109.
[213] A. Kojève, *op. cit.*, p. 33.

de la separación. En un ejercicio dialéctico, quizá la máxima de la fase mahleriana "separación-individuación", sea mejor entendida como su opuesto: lo indivisible *ergo* se divide.

De acuerdo a Lacan, el primer momento en la constitución del sujeto está atravesado por la alienación que provoca el estatuto de la imagen: "[...] la función imaginaria del yo como unidad del sujeto alienado a sí mismo".[214] La constitución primera proviene de la alienación del sujeto con su propia imagen en el espejo, es decir, en su desvanecimiento (lugar de la negatividad): "Y es ciertamente al campo del Otro al que corresponde ese sinsentido, aunque producido como eclipse del sujeto".[215] En ese sinsentido se produce la petrificación del sujeto con su propia imagen, tal cual Narciso. Posteriormente, se pasa a una segunda operación en la que se define la causa del sujeto, una función que delimite la estructura y su operación inconsciente: la separación. Esta separación no es otra cosa más que la instalación de la escisión del sujeto, es decir, su mediación con respecto a la certeza sensible (lo percibido) que logra apuntar hacia ciertos objetos del mundo: *se parare* se convierte en *se parere*, la separación lleva al engendramiento de sí mismo. Según Lacan, esta segunda operación es lo que precisamente inaugura la lógica simbólica a partir de un acontecimiento fundacional de todo sujeto: la pérdida. Es así que toda lógica simbólica será posible encadenando significantes que apunten hacia aquello que se perdió, esto es, hacia lo que *no está*: lugartenientes de la dimensión negativa.

Sin embargo, hay otra dimensión que esta pérdida introduce: la composición del deseo en el campo del Otro, esa fractura que permite la partición de una totalidad. Mientras la separación produce una pérdida, ésta misma fabrica un espacio en el campo del Otro, un espacio que da lugar a la negatividad constituyente del sujeto, o sea, el deseo. Dice Lacan: "Pero lo que colma así no es la falla que se encuentra en el otro, es en primer lugar la de la pérdida constituyente

---

[214] Jacques Lacan, "Lo simbólico, lo imaginario y lo real", en *De los nombres del padre*. Buenos Aires, Paidós, 2005, p. 36.
[215] J. Lacan, "Posición del inconsciente", en *Escritos 2*. México, Siglo XXI, 2009, p. 800.

de una de sus partes, y por la cual se encuentra en dos partes constituido".[216] Por lo tanto, lo que se perdió, entonces, evidencia lo que se desea. La figura del dos es así introducida como aliento que depara la separación del sujeto de su alienación, o mejor dicho, la negatividad instala el surgimiento del dos.

Todo hace pensar que estamos ante la preeminencia del objeto. Esto no nos resulta extraño, sobre todo si tomamos como punto de partida el texto que Michael Balint, en colaboración con sus colegas, escribió en 1937 y que ha resultado ser una luz de guía para una parte importante de la escuela inglesa. En su artículo "Early developmental states of the ego. Primary object-love" ("Estadios tempranos en el desarrollo del yo. Amor objetal primario"),[217] Balint fundamenta su postura a partir del amor de objeto primario, lo que constituye la antítesis del pensamiento psicoanalítico que favorece la presencia de un estadio anterior definido como el narcisismo primario. A pesar de que Balint y sus colegas sí acepten la manifestación del narcisismo como edificante del aparato psíquico, sus postulados ejercen más presión sobre la validez de una relación de objeto apriorística, es decir, ya dada desde un inicio en la vida. Dice Balint: "En mi opinión, una temprana, quizá la más temprana, etapa de la vida mental extra-uterina no es narcisista: está dirigida hacia objetos, pero esta relación de objeto temprana es pasiva. En resumen, su meta es la siguiente: *Yo estaré amado y satisfecho, sin estar obligado a dar algo a cambio*".[218] Esta etapa temprana en el desarrollo es definida por Balint como la etapa del amor objetal primario (*primary object-love phase*), misma que es necesaria e inevitable y de la cual todas las demás relaciones de objeto derivan.

En este sentido, es importante destacar que para Balint esta etapa no está articulada con alguna de las zonas erógenas que constituyen las vías de facilitación de la pulsión, sino que su adherencia está basa-

---

[216] *Ibid.*, p. 802.
[217] Michael Balint, "Early developmental states of the ego. Primary object-love", en *Primary Love and Psychoanalytic Technique*. Londres, Karnac, 1985, pp. 90-108.
[218] *Ibid.*, pp. 98-99.

da en la interdependencia instintiva del infante con la madre, o al objeto que le brinda su satisfacción. De esta manera, no hay nada nuevo en esta teoría más que la preeminencia del objeto en la vida psíquica temprana del bebé, es decir, su relación con un objeto que le proporcione las coordenadas para la supervivencia física. No obstante, cabría mencionar que lo que Balint no destaca en este mismo apartado son las repercusiones de la relación de objeto que sí se establecen a partir de las zonas erógenas, aduanas corporales que fomentan los caminos de la pulsión. La relación exclusivamente libidinal que se establece con el mundo a través de estas zonas es de una tendencia narcisista en el sentido de que el placer/displacer que brinden será el anclaje pulsional del eclipse.

Balint y sus colegas no están en contra de la noción del narcisismo en su totalidad. Para remediar el debate que subsiste entre la escuela inglesa y la escuela vienesa, mismo que gira en torno al concepto de narcisismo primario y que fomenta una cierta autonomía y anterioridad de este mismo concepto con respecto al objeto, lo que Balint propone es tomar un paso atrás y definir al narcisismo primario como algo que aún (*as yet*) no ha sucedido, o que todavía no está presente sino incompleto. Su crítica en torno a este concepto merece que lo citemos extensamente:

> El narcisismo primario es una noción muy curiosa, llena de significado y aún muy pobre. Si lo aceptamos, el estadio más temprano de la vida psíquica extra-uterina podría ser caracterizado como lo siguiente: el infante no tiene conocimiento *aún* del mundo externo, ni *aún* puede percibirlo; subjetivamente, no tiene ninguna relación con los objetos y personas de su entorno y, por lo tanto, ningún deseo orientado hacia el mundo; solamente experimenta el aumento y desaparición de sus necesidades, pero *aún* no las conecta con el mundo exterior; los fenómenos emocionales observables como el llanto, el gimoteo, el rascarse, el agarrarse, el agitarse, por un lado, y la sonrisa, la tranquilidad con los demás, son meras abreacciones; como el infante *aún* no percibe ningún objeto externo, no

puede tener ninguna relación de objeto libidinal *aún*; su libido
aún no se ha volcado hacia el exterior.[219]

Pongamos el énfasis, tal como Balint lo sugiere, en la palabra "aún" (*as yet*), un adverbio que da cuenta de una multiplicidad de características restrictivas y que definen al narcisismo primario como un concepto negativo. A pesar de que Balint y sus colegas no estén de acuerdo con la autonomía y la anterioridad de este estadio, prefieren posicionar la preeminencia del amor objetal primario, pero si de algo se trata la estructura del narcisismo primario es precisamente de su dimensión negativa: "El narcisismo primario es, entonces, una noción negativa".[220] De acuerdo a Balint, el narcisismo primario no es un hecho observable sino solamente una especulación teórica, por lo cual no se puede dar cuenta de nada anterior por mera deducción de algo que ya estaba ahí sin estarlo. No obstante, es en este punto donde no compaginamos con Balint, ya que para que el desarrollo posterior sea evidente y observable, la dimensión negativa del narcisismo primario, es decir, la negatividad del yo, es necesaria para su mismo desdoblamiento. Mientras que la teoría de Balint apunta hacia la relación de objeto primaria, misma que sólo cree posible a partir de la unidad que forman la madre y el bebé, es decir, la anterioridad del objeto como fundamento de la figura del dos, la escisión estructurante del eclipse es lo que permite que otros procesos lleguen a operar por sí mismos: el dos no se fusiona en uno, ni tampoco existen dos desde un inicio, sino sencillamente que el uno se divide en dos.

Para ubicar lo que está en juego en este salto teórico, podemos recurrir al caso paradigmático más universal sobre la figura del dos y sus efectos en el mundo: los amantes. Los amantes son descritos como la figura del dos que se unen, escultura de una unidad dual. ¿Se fusionan en uno solo o se dividen entre sí? Según Caruso, toda separación amorosa significa estar ante la presencia de la muerte. En este caso, la

---

[219] *Ibid.*, p. 103. (Las cursivas son mías).
[220] *Idem.* (La traducción es mía).

irrupción de la continuidad del contacto con el objeto de amor produce un dolor que aparece como algo "inmaduro", es decir, algo de lo cual el individuo y el aparato psíquico no estaban preparados para confrontar. Es así que Caruso define a este dolor de la siguiente manera: "El dolor producido por la separación es, en última instancia, un dolor narcisista".[221] En efecto, el desenlace que produce la separación de los amantes no es otra cosa más que una herida narcisista que toma por sorpresa al yo, muy a pesar de que la separación ya fuese anunciada, pues las vías de facilitación pulsional aún están aprehendidas a las zonas erógenas que proporcionan un placer residual. Por ejemplo, una paciente a quien su pareja la dejó repentinamente, presentó un cuadro de hinchazón superficial en los labios y en la boca justo después del rompimiento. A pesar de que ella decía que era efecto de una alergia, cuando su novio regresó a los pocos días, la inflamación desapareció. En este caso, es como cuando se le separa al bebé del pecho materno y una manera de que la pulsión mantiene su exigencia de trabajo es presentando una irritación bucal y/o labial. Así, el narcisismo no permite el destete debido a que se le presenta como una noticia de finitud, un límite a su omnipotencia.

En este modelo diádico, Caruso ofrece una solución del dos, figura representada por los amantes, a partir de una separación que comprueba la finitud de ambos. Dice: "[...] dos personas estaban fundidas en una unión dual que sólo tiene un modelo, la 'díada' madre-hijo; la pérdida del objeto de amor, que al mismo tiempo es fuerte objeto de identificación, conduce a una auténtica mutilación del yo; a una catástrofe del yo por la pérdida de la identidad [...] y por tanto a una considerable regresión amenazante para el yo".[222] Aunque la separación instale la vivencia de la muerte en la conciencia del yo, la solución que ofrece Caruso ante este desamparo es la edificación de mecanismos de defensa. Consideramos que el principal problema que presenta la tesis de Caruso es que se basa en el límite que se instala a

---

[221] Igor Caruso, *La separación de los amantes*. México, Siglo XXI, 2001, p. 9.
[222] *Ibid.*, pp. 19-20.

partir de la separación de la unidad dual, por lo que aún se acepta la idea de que en el inicio habían dos figuras claramente representadas: un dos antes del uno. En efecto, la separación de los amantes está atravesada por la muerte, sin embargo, no evidencia de que haya un corte o división inherente.

En cambio, Agamben nos muestra otra acepción de la figura de los amantes. En su su libro *Homo sacer*, al retomar la tesis de los poetas latinos como Propercio o Tibulo, la figura de los amantes es definida como sagrada (*sacros*). Agamben lo explica de la siguiente manera: "[...] los amantes son sagrados [...] no porque estén condenados o consagrados por los dioses, pero porque ellos se han separado de otros hombres dentro de una esfera que está más allá de la ley divina y la ley humana. Originalmente, esta esfera era producida por la doble excepción en donde la vida sagrada estaba expuesta".[223] Así, los amantes forman una esfera de exclusión (¿exclusividad?) donde se encierran en su propio dos, no para fusionarse en uno sino para forjar una división, esto es, su exclusión del resto de la población es lo que precisamente los incluye.

Por lo tanto, preguntemos: ¿anterioridad del objeto o predominio del narcisismo? Sin división no hay una ni la otra, solo el eclipse que difumina al sujeto y lo desaparece en su propia oscuridad. En este sentido, es necesario el corte de la negatividad para devenir algo más que la unidad absoluta. Efectivamente, el sujeto no puede ser causa de sí mismo, como lo demuestra Lacan,[224] y he aquí donde precisamente se necesita de la figura del dos, un prójimo que acuda en su auxilio, no sin antes haberse instalado la escisión fundacional.

Sin embargo, estemos advertidos que el establecimiento del dos puede resultar engañoso. La figura del dos puede ser muy parecido a un intento por regresar al eclipse, realmente difuminar el dos, deteniendo así todo progreso por establecer el inicio de la vida. Para ello, podemos ver en el texto de Sabina Spielrein, "Destruction as the cause

---

[223] Giorgio Agamben, *Homo sacer*. Stanford, California, Stanford University Press, 1998, p. 86.
[224] J. Lacan, "Posición del inconsciente", en *op. cit.*, p. 799.

of coming into being" ("La destrucción como la causa del devenir del ser"),[225] publicado en 1912, un claro ejemplo. Dentro de uno de los varios pasajes que ilustra el texto, desde la filosofía de Nietzsche hasta la ópera de Wagner, Spielrein expone los avatares de la transformación del "yo" (*I*) en "nosotros" (*we*). Ante la presencia del objeto de amor (la persona amada), el yo tiende a desaparecer haciendo que los dos actúen como uno. Dice Spielrein: "Cuando una está enamorada, la fusión del yo en el ser amado es la afirmación más fuerte del *self*, una nueva existencia del yo en la persona amada. Si el amor fracasa, la imagen se torna en una de destrucción o muerte, una alteración psíquica o física de la imagen personal bajo la influencia de un poder excepcional tal como el acto sexual".[226] En este sentido, a lo que alude Spielrein, sin necesariamente exponerlo como tal, es al engaño que ofrece la fusión de dos seres en uno, el retorno al eclipse donde lo que se aniquila es la división del ser. Sin embargo, este desvío no puede garantizarnos un devenir fructuoso del ser debido a que a pesar de la presencia de una pulsión por disolver al yo y fusionarse con el objeto para producir algo nuevo, la misma abolición de la negatividad haría que el ser nunca existiera, esto es, no se podría sostener sin su propia negación. Ante este engaño, la pregunta radica en cómo mezclar la avenencia del yo con el objeto sin perderse en el otro, es decir, sin desaparecer en el uno.

En el análisis que hace Britton del texto de Spielrein, se propone que muchas fantasías histéricas conllevan al surgimiento de deseos de muerte, pues a lo que en realidad se aspira es a la desenvoltura de una unión sexual prohibida, es decir, la consumación del complejo de Edipo. Explica Britton: "[...] el deseo de muerte en la histeria está destinado a conducir a la consumación de una unión sexual profundamente anhelada: *no tiene la intención de separar, sino de terminar con toda la separación*".[227] Lo que establecen estas fantasías es el deseo por

---

[225] Sabina Spielrein, "Destruction as the cause of coming into being", en *Journal of Analytical Psychology*, núm. 39, 1994, pp. 155-186.

[226] *Ibid.*, p. 174. (La traducción es mía).

[227] Ronald Britton, *Sex, death and the superego*. Londres, Karnac, 2003, p. 28. (La traducción es mía).

regresar a un estadio donde no había división, ni tampoco prohibición, ni mucho menos ruptura. La unión (sexual) del ser amado, a través de la muerte, en el fondo devela una profunda ganancia erótica ya que permite la satisfacción del deseo por eliminar toda pérdida. Dicho de otro modo, fusionarse con el objeto de amor en un acto de muerte evidencia un anhelo por difuminar toda separación posible, borrar toda noción de finitud. Como dice Britton: "Vivir significa enfrentarse a la separación, mientras que la muerte proporciona unión".[228] Por lo tanto, el engaño en el que nos quiere hacer caer Spielrein es la noción de que dos se fusionan en uno para convertirse en algo diferente, para lo cual esto no sucede. Es decir, lo que Spielrein elimina de su sustento teórico y lo que las fantasías histéricas anhelan erradicar en sus deseos de muerte, son la frustración y el dolor que implican vivir. La vida comienza con esta separación, que algunos quizá reduzcan al momento del destete, pero lo que es cierto es que sin la separación del eclipse a partir del surgimiento de la dimensión negativa, todo engaño por querer ser uno con el otro, o de subsanar la herida narcisista que implica esta ruptura estructurante, es subsecuentemente un intento suicida por querer mantener la magnificencia de un narcisismo perdido. Por lo tanto, la vida se encuentra entre dos muertes.

No hay dos sin caer en este engaño, así lo testifica la aparición del eclipse a lo largo de la vida amorosa (¿acaso también en la transferencia?). Dentro de este juego del dos, para no tropezar con los espejismos que emanan de sí, cabe mencionar que en su estructura surge una nueva pieza fundamental, un espacio que media entre ambos elementos: el intervalo. Según Irigaray, aquella persona que puede proporcionar el cuidado y arresto de todas las frustraciones que devienen de las necesidades básicas, que puede arropar la carencia del ser inmaduro en una acción de sumergimiento afectivo, está señalada como un peligro si no está mediada por un tercer elemento. Dice Irigaray: "La persona que ofrece y permite el deseo, se mueve y envuelve engolfando al otro. Es, además, un peligro si no existe un tercer ele-

---

mento. No solo para servir de limitación. Este tercer elemento puede acontecer dentro de la persona que contiene a manera de una relación con sus propios límites".[229] La ausencia de este tercer elemento bien puede suprimir la presencia de un intervalo, regulación entre ambos elementos, mismo que tiene la meta de propiciar una apertura. El intervalo entre dos elementos es lo que permite la entrada y el espacio: un lugar de intercambio pero nunca de fusión mutua. El riesgo que acontece a partir de la ausencia de este tercer elemento es que precisamente uno de los participantes se convierta en absoluto del otro, sin mediación posible para su distinción. Así lo afirma Irigaray: "Si un tercer elemento no existe dentro y por el contenedor, él o ella se convierte en omnipotente (*all-powerful*)".[230]

El intervalo es un espacio entre dos límites, un tiempo necesario para la regulación de dos entidades. De acuerdo a Lacan, toda relación analizable está inscrita como una relación de tres, es decir, correspondencia atravesada por la palabra como mediación de dos elementos heterogéneos. Con el fin de evitar la angustia que produce la pérdida, Lacan dice que el sujeto prefiere desvanecerse. Sin embargo, para no caer en el vértigo de la anonadación, hay que introducir un tercer elemento para que el intervalo genere ese espacio de delimitación y acontecimiento del deseo:

> Desde que se introduce el tercero, que entra en la relación narcisista, se abre la posibilidad de una mediación real, esencialmente por medio del personaje que, en relación con el sujeto, representa un personaje trascendente, en otras palabras, una imagen de dominio mediante la cual su deseo y su cumplimiento pueden realizarse simbólicamente.[231]

---

[229] Luce Irigaray, *An Ethics of Sexual Difference*. Londres, The Athlone Press, 1993, p. 12. (La traducción es mía).

[230] *Idem*. (La traducción es mía).

[231] J. Lacan, "Lo simbólico, lo imaginario y lo real", en *De los nombres del padre*, p. 40.

El símbolo ya ofrece una distancia para que el sujeto se relacione con su prójimo sin temor a quedar engolfado o aniquilado por su fusión. Dentro de este registro simbólico, lo que acontece es precisamente la posibilidad de establecer una relación sin que la mezcla del yo con el objeto devenga en una vuelta al eclipse. El sujeto no desparece en uno, sino todo lo contrario, el uno se ha dividido y ahora queda sostenido en tres. Si el sujeto es un objeto perdido, según Lacan, la negatividad que surge a partir de esta pérdida es lo que le dará todo su soporte. Sin embargo, esto mismo puede ocasionar que la figura del dos no sea más que un engaño del narcisismo. Al final de cuenta, el dos es lo que se establece como la noción del sujeto. Dice Lacan: "La cuestión del dos es para nosotros la cuestión del sujeto, y aquí hemos llegado al hecho de la experiencia psicoanalítica en tanto que el dos no completa al uno para hacer dos, sino que debe repetir el uno para permitir que el uno exista".[232] Por lo tanto, si no hay dos sin un tercer elemento, entonces, no hay sujeto sin el tercero.

Para muchos autores, este tercer elemento, factor esencial del orden simbólico, ha sido representado comúnmente con la figura del padre, o meramente con un tercero abstracto cuya función sea la de arbitrar. En toda estructura elemental, ese tercero es aquél que media entre la relación fraternal, conyugal o incluso divina. Así, se requiere de un tercero para regular el choque de fuerzas que se suscita entre la tensión que provocan los elementos eclipsados. No obstante, lo que nosotros proponemos para adjudicar un lugar distinto a este tercero, espacio de mediación y templanza, figura que no siempre es encarnada por la semblanza masculina, o incluso por el rol que muchos imperativos sociales exigen de ciertas funciones públicas (como el jefe, maestro o médico), es que su presencia, o incluso su ausencia, establece lo que podemos entrever como un intervalo que marca una distancia, foso que permite el intercambio entre el dominio del castillo y el pueblo, que al mismo tiempo brinda la seguridad de no quedar invadidos o

---

[232] J. Lacan, "Of structure as an inmixing of an Otherness prerequisite to any subject whatever", en Richard Macksey y Eugenio Donato (eds.), *The structuralist controversy*. Baltimore, Maryland, The John Hopkins Press, 1972, p. 191. (La traducción es mía).

usurpados por alguna amenaza foránea. El nombre con el que definimos la emergencia de este tercer elemento en la mediación de dos moléculas entrecruzadas, en ocasiones individuos difuminados en el eclipse, es simple: diferencia. El tercero es quien *hace* la diferencia.

En su conferencia "Amor y psicoanálisis", dictada el 4 de marzo de 2006 en la Universidad Nacional Autónoma de México, Badiou profería lo siguiente: "[...] el amor es una experiencia del 'dos'. [...] amar es vivir la experiencia de saber lo que es ser 'dos'. No es el otro en general, es la forma del otro dentro del 'dos'".[233] Luego de descartar la tesis clásica sobre el amor en donde el dos permanece separado, o sea, que en realidad el dos es uno y uno, o de recusar la tesis de la fusión en donde dos se convierte en uno, o de eliminar la tesis familiar sobre el amor como un dos que deviene en tres, es decir, la creación de la familia, Badiou afirma lo siguiente: "El amor es el pasaje del uno al 'dos'. Pero, finalmente en el amor *se es 'dos'*. Antes, incluso, del amor hay ya dos personas, entonces, se pasa en realidad no tanto del uno al 'dos', como del 'dos' a otro 'dos'. [...] el amor es una transformación del 'dos' [...]: *El amor es el pasaje de un 'dos' pasivo a un 'dos' creador*".[234] Para esto, el dos (pasivo) inicial que apunta Badiou, en realidad es un uno y uno, en donde la real amenaza al amor surge en la tentación a este uno inaugural. Dice Badiou: "El único enemigo del amor es el 'uno' bajo dos formas: la forma egoísta clásica, declaro el 'dos' pero reclamo los derechos del 'uno', o la forma romántica trágica, declaro el 'dos' pero como si fuera 'uno'".[235] No obstante, estamos ante una dificultad no del todo desconocida: ¿cómo evitar caer en los infortunios y engaños de este dos imaginario?

Para poder abrir una nueva experiencia dentro del encuentro amoroso, Badiou propone que por encima de la experiencia de repetir el retorno al uno o de demandar los derechos del mismo, el amor —la experiencia del dos— es, en realidad, una construcción en el tiempo. Es aquí en donde Badiou propone definir el tránsito del uno al dos crea-

[233] Alain Badiou, *El balcón del presente*. México, Siglo XXI, 2008, p. 103.
[234] *Ibid.*, p. 106.
[235] *Ibid.*, p. 110.

dor similarmente a lo que el físico teórico, Gueórgui Gámov, expuso en 1947: uno, dos, tres... infinito.[236] No obstante, la declaración de Badiou comete un lapsus increíble, pues al tratar de enunciar su postulado teórico en aras de definir al dos creador, Badiou pasa del uno al dos para dar un salto galáctico hasta el infinito: uno, dos, infinito. Aunque el mismo Badiou mencione que el amor es la experiencia de la diferencia, el dejar fuera el tercer elemento, es decir, la partícula de la diferencia en sí, es muy cercano a tropezar con la desgracia (¿o dicha?) del retorno al eclipse. Es cierto que para Badiou el amor es una condición de la filosofía, así como lo es la política, la ciencia o el arte, que ofrece una apertura al pensamiento de la diferencia. Sin embargo, es fundamental hacer hincapié en lo que está en juego con la figura del tres.

Para ello, tomemos otro texto cuyo título es muy parecido al salto que propone Badiou. Nos referimos al artículo de Jean-Pierre Vernant titulado "Uno, dos, tres: Eros".[237] La tesis de Vernant es la siguiente: Eros hace la diferencia, no la unión. Al tomar las dos formas en que la cosmogonía griega figuraba al dios Eros —por un lado, está el Eros primordial, y, por el otro lado, encontramos al Eros joven, hijo de Afrodita—, el texto incurre en una disertación para conceptualizar el verdadero valor de Eros: ¿unir o separar? En la unión de Gea (tierra) con Urano (cielo), ésta misma no conoce la pausa, es decir, no están verdaderamente separados, de tal manera que lo que genera ese uno es un dos muy similar a la tesis clásica del amor: 1 + 1 = 2. Dice Vernant: "El *uno* ha generado el *dos*, pero en condiciones de proximidad tales que la serie permanece bloqueada, sin el menor poder de multiplicarse".[238] No es sino hasta la castración de Urano lo que hace que cielo (Urano) y tierra (Gea) se alejen y ponga fin al Eros primordial de la unión. En este sentido, se desune lo masculino (Urano) y lo femenino (Gea) para dar paso a la diferencia de los sexos, o sea, la emergencia del Eros joven. Así, entonces, es entendido que la labor de Afrodita es la de volver a

---

[236] Véase George Gamow, *One, Two, Three... Infinity*. Nueva York, Viking, 1961.
[237] Jean-Pierre Vernant, *El individuo, la muerte y el amor en la antigua Grecia*. Barcelona, Paidós, 2001.
[238] *Ibid.*, p. 151.

unir a los seres separados. De este modo, lo explica Vernant: "El papel de Eros no pasará ya por actuar a manera de esa pulsión que, desde el interior del *uno*, provoca la escisión en *dos*, sino como el instrumento que en el marco de esa bisexualidad fijada para siempre debe permitir que *dos* se unan con tal de engendrar a un tercero y así poder continuar la serie indefinidamente".[239] Por lo tanto, en esta aparición del Eros joven, pasamos del uno al dos hasta el tres.

Como ya lo sabemos, Eros resulta ser engañoso ya que muchas veces ofrece una tendencia hacia la superabundancia del ser por lo que el uno es su máximo representante; un exceso de plenitud hasta el grado de ser uno indivisible. En corto, el uno no es otra cosa más que la ausencia de la negación, borradura de toda relación. No obstante, la afirmación de la alteridad permite que surja un desdoblamiento del propio uno, un resquebrajamiento que hace de su propia división su salvación. Así lo define Dolar: "Si el Otro existe, entonces, tenemos alguna esperanza de poder escapar del círculo y de la exclusión del Uno".[240] La otredad es quien representa la incompletud del uno, y a pesar de ello, es a través del impacto de Eros que buscamos en aquella atracción un intento por resguardar y mantener las cuotas de placer vigentes; el otro acude en auxilio no para fusionarse con uno mismo sino para demarcar la particularidad de cada ser en su singularidad plural. El otro es el límite.

> [...] la relación erótica precisa para cada uno, en el impulso que le lleva a buscar un compañero, a otro distinto de sí mismo, la experiencia de su propia incompletitud, ello es testimonio de la imposibilidad en que se encuentra el individuo de bastarse a sí mismo, de satisfacerse plenamente con lo que es, de encerrarse en su particularidad, en su unidad singular, sin intentar duplicarse por medio del otro, otro objeto de su deseo amoroso.[241]

---

239 *Ibid.*, p. 152.
240 Mladen Dolar, *Uno se divide en dos*. México, Paradiso editores, 2017, p. 12.
241 J.-P. Vernant, *op. cit.*, p. 154.

Es así que podemos entender que aquello que engendra la participación del tercero en donde el uno, Narciso en su aposento, se divide en un dos de la imagen especular o la díada narcisista, y llega hasta la experiencia de la castración, la emergencia del Otro que incluye un espacio vacío para develar el deseo del sujeto, es definido como una verdadera diferencia. En lugar de tener 1 + 1 = 2, o incluso 1 + 1 = 3, preferimos abocarnos a identificar este paso como 1 + 1 = -1. Uno, dos, tres... diferencia. La unión de los seres incompletos no se dará por el acoplamiento de dos mitades, como lo define el mito del andrógino según Aristófanes, sino por el desgajamiento del eclipse que permite abrir un intervalo desde donde emanará la apetencia del sujeto y los objetos.

De acuerdo a Lacan, el dos siempre estará del lado de Eros: "Eros es ese poder que en la vida es unificador".[242] Pero este poder unificador no puede subsistir si no va acompañado de una escisión, una fractura que no permite que ese poder sea totalizante. Una división desde la cual uno se divide en dos, más no hay retorno alguno. Si el sujeto es conceptualizado como una pérdida, lugar de la negatividad, éste queda despojado del eclipse pero arrojado a la existencia, a una exterioridad con el mundo, esto es, con la diferencia. En este sentido, *lo* sexual y *lo* otro son la afirmación de la desaparición del eclipse, un salto necesario hacia el abismo de la negatividad, riesgo que revela la importancia del *Mitsein*. Lo sexual y lo otro devienen a partir de esta diferencia. ¿Qué mayor misterio que el otro, sobre todo el otro sexo, para posibilitar una salida hacia la exterioridad? Como dice Irigaray: "Quién o qué es el otro, nunca lo sabré. Pero el otro que es siempre un desconocido es aquél que difiere de mí sexualmente".[243] Por lo tanto, a diferencia de lo auto-erótico y el uno, referentes del propio narcisismo primario y abolición de la negatividad, estas dos afirmaciones emanan el proyecto que será un mero recuerdo, en el mejor de los casos, de la evanescencia del sujeto, vestigio de su infinitud comprometida, pérdida irreversible.

---

[242] J. Lacan, "Of structure as an inmixing of an Otherness prerequisite to any subject whatever", en R. Macksey y E. Donato (eds.), *op. cit.*, p. 198. (La traducción es mía).
[243] L. Irigaray, *op. cit.*, p. 13. (La traducción es mía).

Un recuerdo que constantemente le hará saber al sujeto que nunca fue uno. Por esto mismo, el amor de transferencia es un amor que está destinado a caer, no a permanecer.

Según Hegel, la vida solo aparece como algo negativo. En el desdoblamiento de la unidad, el objeto deviene vida en el momento en que su carácter negativo lo convierte en una apetencia, en algo que se distingue de la propia auto-conciencia para manifestarse como vivo. El rompimiento de la identidad del propio yo, es decir, la ruptura del eclipse, los destinos del narcisismo en proyectar ideales, será un acontecimiento que enciende la vida, un llanto, una primera palabra, incluso un señuelo de un niño autista en sesión, el valor de decir "Yo...", tendrán como efecto hacer un diferencia, una mínima diferencia, quizá una ganancia de saberse vivos. En efecto, la diferencia es vida pues irrumpe el pantano de la identidad autorreferencial.

12. *Per via della morte, per via della vita*

En la séptima carta de *Cartas a un joven poeta*, fechada el 14 de mayo de 1904, Rilke afirma que el amor es difícil. Más que ver esta virtud del amor como una problemática por resolver o un reto a superarse, Rilke aclara su idea en torno a lo difícil. Lo difícil no es un problema complejo, ni tampoco un destino, sino es meramente una condición inmanente del individuo: "El amor de un ser humano hacia otro: esto es quizás lo más difícil que nos haya sido encomendado".[244] Según Rilke, amar no es absorberse en el otro, perderse en la unión mutua con el fin de conseguir la felicidad: el amor no es fusión. Sin embargo, de la unión con el otro se puede saltar fácilmente a la confusión, al canto estéril de la convivencia entre dos seres, por lo que Rilke recomienda que para amar hay que saber estar solo. Dicho de otra manera, la fusión con el otro no es otra cosa más que soslayar

<hr>

[244] Rainer M. Rilke, *Cartas a un joven poeta y otros poemas*. México, Tomo, 2003, p. 38.

la capacidad de estar a solas con nosotros mismos. Por lo tanto, amar y estar solo tienen una afinidad en común: ambos son difíciles.

¿Acaso esto no nos regresa a los engaños del uno al quedarnos situados en la soledad perpetua sin investidura objetal hacia el mundo y otras personas? ¿Qué acaso amar no implica estar con otro forzosamente? ¿Qué significa, entonces, estar solo?

Winnicott define esto último a partir de lo se entiende como una capacidad (*capacity*). El sustantivo "capacidad" proviene del latín *capacitas*, que deriva de *capax* (genitivo *capacis*) que significa "capaz de sostener mucho" o "que tiene mucha cabida".[245] Aquél que es capaz de sostener algo es también apto para comprenderlo. Así es como pensamos que una capacidad no solo tiene que ver con el tamaño del contenedor para soportar una carga de mayor peso, sino con su apogeo para facilitar en términos de investidura libidinal y cimentación de la *Bahnung* freudiana.

En su artículo "The capacity to be alone" ("La capacidad para estar solo"),[246] publicado en 1958, Winnicott nos sitúa inmediatamente ante el problema del cuerpo y su capacidad para relacionarse con los demás. Al retomar la tesis de John Rickman, que propone una visión sobre la psicología grupal a partir de lo que considera como las relaciones bipersonales (*two-body*) y tripersonales (*three-body*), Winnicott se atreve a incluir la posibilidad de pensar en términos de una relación unipersonal (*one-body*). Para Winnicott, la relación unipersonal (*one-body*) no tendría otra dimensión más que la del narcisismo, ya sea a manera de una forma temprana del narcisismo secundario o incluso primario. Sin embargo, aquí es donde Winnicott se detiene a establecer una distinción entre "estar solo" (*to be alone*), como referente de un aislamiento nocivo, y la "capacidad para estar solo" (*capacity to be alone*). Dice Winnicott: "La capacidad para estar solo es un fenómeno sumamente refinado que aparece en el desarrollo

---

[245] Joan Corominas, *Diccionario crítico etimológico castellano e hispánico*, t. i. Madrid, Gredos, 1980, p. 832.
[246] Donald Winnicott, "The capacity to be alone", en *The maturational processes and the facilitating environment*. Londres, Karnac, 1990, pp. 29-36.

de la persona *después* del establecimiento de relaciones tripersonales (*three-body relationships*)".[247] Cabe mencionar que en la traducción al español que hace Jorge Piatigorsky, con revisión técnica de Jorge Rodríguez, para la editorial Paidós, deciden traducir *three-body relationships*, escrito en el original,[248] como "relaciones bipersonales". En este sentido, la traducción adecuada debería ser "relaciones tripersonales", ya que desde las aportaciones de Rickman, sostenidas por el mismo Winnicott, las relaciones tripersonales son referidas como aquellas donde prevalece la etapa del complejo de Edipo y el campo de la experiencia, mientras que no sería posible pensar lo edípico desde una relación bipersonal (la dualidad). Para Rickman, la relación bipersonal es aquella etapa más temprana en donde la madre y el infante conservan una relación diádica entre sí exceptuando toda idea de un tercero como el padre. En este sentido, la distinción conceptual entre las relaciones bipersonales (*two-body*) y tripersonales (*three-body*) constata lo que hemos trabajado con respecto al fundamento del intervalo entendido como la diferencia. Es por ello que creemos conveniente modificar la traducción y afirmar la importancia de que la capacidad para estar solo deviene una vez que se ha establecido la privación entre madre e infante, verdadero rompimiento del eclipse. De esta manera, la relación temprana que sostienen el infante y la madre, unidad-dual que está atravesada por un tercer elemento, es lo que permite que la capacidad para estar solo sea posible. Por lo tanto, nos encontramos con una de las múltiples paradojas del pensamiento winnicottiano: para estar solo, hay que estarlo con alguien presente ("*it is the experience of being alone while someone else is present*").[249] ¿Cómo es esto?

A pesar de que la tesis winnicottiana aduce hacia el establecimiento del dos entendido como la relacionalidad del yo (*ego-relatedness*)

---

[247] D. Winnicott, "La capacidad para estar solo", en *Los procesos de maduración y el ambiente facilitador*. Buenos Aires, Paidós, 1996, p. 38.
[248] D. Winnicott, "The capacity to be alone", en *The maturational processes and the facilitating environment*, p. 30.
[249] *Idem.*

en oposición a la relación del ello (*id-relationship*), la presencia de ese otro cuerpo conforma ya los inicios de un proceso de diferenciación. En el momento en que el yo registra la división a partir de su negatividad, el no-yo, ese otro cuerpo es un referente de contingencia, pues el tocarlo implica una relación de espaciamiento. Es correcto mencionar que el tacto se distingue por ser un sentido que abole el aplazamiento de todo espacio, pues cuando tocamos algo estamos ante la proximidad más contigua de nuestro ser: el tocar es la experiencia de lo inmediato. No obstante, todo tacto implica el surgimiento de un límite entre un adentro y un afuera, entre aquello que toca (sujeto) y lo que es tocado (objeto), entre dos elementos. Así lo analiza Dolar en su ensayo "Tocar el suelo": "Hay un adentro y hay un afuera, en el sentido más elemental, sólo en la medida en que podamos concebir un límite del tacto, el límite de una superficie frotándose contra otra superficie, tropezándose con algo más, con el primer otro. Tocar es poner un límite, sucede en el límite y constituye un límite".[250] Así podemos afirmar que no hay tacto sin la abolición de su inmediatez, o sea, que para que el sentido mismo del tacto pueda dar cuenta de otro cuerpo (el propio y el de la madre), este mismo establece una diferencia entre sujeto y objeto, un parteaguas entre la mano que toca y la superficie tocada. El tacto ya es un límite que atestigua la diferencia entre dos elementos separados por un intervalo.

Aunque Dolar precise que "tocar es cosa de dos", no es el dos que tantos artificios se inventa para mantener la vigencia del uno, sino que implica que para que dos elementos se toquen, sin fusionarse como tal, siempre debe haber la presencia de un tercer elemento. A través de su lectura de *Acerca del alma*, Dolar encuentra el lugar donde Aristóteles establece la distinción entre lo tangible y lo intangible. Hay cosas materiales que se pueden tocar (lo tangible), mientras que los cuerpos intangibles —como el aire— son elementos que poseen un grado mínimo de aquellos cuerpos tangibles. Para Aristóteles, hay un umbral del tacto, límite que despliega la capacidad de lo intangible a partir de

---

[250] Mladen Dolar, *Uno se divide en dos*. México, Paradiso editores, 2017, p. 126.

una insuficiencia o exceso en el tacto. Lo intangible está más allá de este límite. Por lo tanto, este límite ya es una diferencia que permite la distinción entre tocar y su colapso.

> La diferencia fundamental, implicada en el tacto, necesita de un tercer elemento: los dos no pueden tocarse sin un tercero. *Se necesitan tres para ser dos*, para hacer una diferencia se necesitan tres, ya sea como la reduplicación de una superficie, la membrana adicional, la división entre externo/interno, como la intervención de un medio.[251]

Este medio (*medium*), entendido como el intervalo de la diferencia, ya está presente en la situación de soledad que presenta el infante ante la presencia (corporal) de alguien más. La capacidad para estar solo es precisamente la tolerancia o resistencia por mantenerse diferenciado ante la presencia de ese otro durante el eclipse. El contacto de cuerpo a cuerpo no genera la disolución del límite y sus elementos articulados, sino que es ese contacto entre cuerpos lo que promueve el decreto del mismo límite. El tacto ya es el límite, por lo tanto, la relacionalidad del yo no sucumbirá ante el dos ilusorio siempre y cuando pueda mantener la vigencia del intervalo (táctil).

Por otro lado, Winnicott continúa su análisis sobre la capacidad para estar solo al diseccionar de manera lingüística el enunciado "*I am alone*" ("yo estoy solo"). En resumen, Winnicott separa la composición del enunciado en tres tiempos: 1) *I* (yo), 2) *I am* (yo soy), 3) *I am alone* (yo estoy solo).[252] En el primer momento, el yo está conformado como una unidad, una integración donde se ha establecido exitosamente la separación entre *Innenwelt* y *Umwelt*. Lo que resulta interesante es que Winnicott comenta que "todavía no se

---

[251] *Ibid.*, p. 133.
[252] D. Winnicott, "The capacity to be alone", en *op. cit.*, p. 33.

hace ninguna referencia al vivir (*no reference is made to living*)".[253] ¿Por qué? Para el segundo paso el yo no solo tiene una forma sino también vida (*life*), ya que al reconocerse en su existencia como un yo enunciante que simplemente *es* (*I am*), en ese momento también se contempla como un yo vulnerable en pleno desamparo y total auxilio del prójimo. Por último, durante el tercer tiempo se concreta la figura del dos que permite que el infante pueda estar solo y disfrute estarlo. Así entendemos que se forja una división entre los dos elementos separados por el intervalo de la diferencia para facilitar que el yo logre estar solo con alguien presente sin ser posicionado en una situación de fusión o aniquilamiento. Esta capacidad solo deviene *después* de haberse establecido la relación tripersonal (*three-body*): uno, dos, tres... diferencia.

El dos se sostiene siempre que aparezca la capacidad por estar solo mediado por la diferencia. Aunque Winnicott suela indicar hacia la relación bipersonal (*two-body*), es decir, el circuito cerrado entre el bebé y la madre, siempre será con la presencia de ese límite (diferencia) que logre develar la capacidad para estar solo más allá del eclipse. Únicamente se puede estar solo si se está con alguien (diferenciado). Por el contrario, el estar solo en un proceso de no-diferenciación nos acerca a los remanentes del dominio del eclipse que lleva al sujeto incluso hasta un estadio del *no-body*, sin cuerpo o siendo nadie. En el eclipse, uno nunca está solo, pues queda abandonado a la oscuridad del Otro. Es más, en el eclipse, uno nunca está...

¿Qué era, entonces, lo que le pasaba a Laura cuando se miraba en la transferencia? Así lo manifiesta su relato agonizante durante una sesión:

> Laura: *No me entiendes. No sabes que cuando me empiezo a sentir así, es como si un hueco se comiera todo... mis palabras, mi sentido, yo misma. Por eso no puedo hablar. Por eso siento que*

---

[253] D. Winnicott, "La capacidad para estar solo", en *Los procesos de maduración y el ambiente facilitador*, p. 41.

> *desaparezco y que todo lo que logré construir aquí en terapia,*
> *con mi familia, en el trabajo, no sirve de nada. El hueco no tiene*
> *forma, ni dimensiones, no hay nada, solo una fuerza que no me*
> *deja en paz. En el hueco no hay palabras ni siquiera para decirte*
> *cómo es el hueco... solo siento que desaparezco...*

En este sentido, Laura habla de una fuerza como una potencia que la sobrepasa, de algo que la direcciona hacia un hueco sin forma y que la deja impotente. Habría que recordar que el concepto de capacidad también nos remite a la comprensión (*com-* "con, juntos" + *prehendere*, "agarrar, coger, atrapar"): ligadura/desligadura de la posición libidinal que se aprehende a alguien. Por lo tanto, convenimos que es mejor hablar en términos de tendencia más que de estadios.

Una tendencia o dirección se refiere a una línea imaginaria establecida entre dos puntos (i.e. una brújula que apunta hacia el polo norte), en especial cuando indica orientación o destino; pero también es una indicación de la orientación o destino de un cuerpo en movimiento. Así, la tendencia de algo es el movimiento que toma un cuerpo con determinada fuerza, ya sea propia o externa, y que se dirige a un determinado fin. La tendencia de una fuerza es el movimiento que toma el decurso de las ligaduras y desligaduras libidinales hacia un cuerpo humano, el propio o el ajeno.

Recordemos que en *Introducción del narcisismo*, Freud establece una tercera vía al estudio del narcisismo: la vida amorosa. Para ello, define la *Objektwahl* como dos tipos de elección de objeto que puede tomar el decurso de la pulsión, ya sea en dirección al tipo del apuntalamiento (*Anlehnungstypus*), comúnmente traducido como tipo anaclítico (*anaclitic type*, en inglés),[254] o, por el contrario, en sentido al tipo narcisista (*narzisstische*). El trascurso de la pulsión apuntará hacia una u otra dirección, sin embargo, esto no resuelve

---

[254] Véase la nota aclaratoria que hace James Strachey al respecto, además de la corrección que propone José Luis Etcheverry para la traducción al español en Sigmund Freud, "Introducción del narcisismo", en *Obras completas*, t. XIV. Trad. de José L. Etcheverry. Buenos Aires, Amorrortu, 1986, p. 84.

aún nuestro cuestionamiento. Si bien es cierto, Freud indagaba el ocultamiento de la libido yoica detrás de la emergencia de la libido de objeto, o como afirma Copjec, "el estado de enamoramiento [el desarrollo más alto de la libido objetal] resulta ser [...] uno de los '[p]seudópodos' de la libido del yo; es decir que resulta ser fundamentalmente narcisista",[255] la *Objektwahl* nos confronta a que ya existe un objeto por develar. Es así que entonces la elección de objeto de tipo narcisista se realiza sobre el modelo de la relación del individuo con su propio cuerpo, mientras que la elección de objeto por apuntalamiento impela a la pulsión (sexual) no necesariamente hacia un objeto sino a apoyarse en las pulsiones de auto-conservación. Ambas elecciones de objeto mantienen, en cierto grado, un mínimo de investidura narcisista en el fondo: una se dirige hacia el cuerpo propio (autoerotismo), mientras que otra se liga con las vivencias de satisfacción que proveyó el prójimo auxiliador (llamémosle "autoerotismo secundario"). Así lo expresa Copjec: "[...] la forma más alta de [investidura] del objeto, el amor, es fundamentalmente narcisista y entraña la renuncia del sujeto a su propia personalidad",[256] para luego continuar y argumentar en contra del tipo de elección que Freud le otorga a la mujer (narcisista): "Amar es desear ser amada; el amor es siempre narcisista".[257] Entonces, si el amor es en lo más íntimo una extensión de la zona del "protoplasma libidinal narcisista", ¿en qué radica la diferencia de ambas elecciones?

En cierto modo, no hay manera de extirpar el narcisismo, ya que éste —como hemos visto— es la célula básica de la edificación del propio yo. Además, ¿por qué alguien quisiera eliminar esto? ¿Cuál sería el beneficio de dicha operación? Uno bien podría decir: el que esté libre de narcisismo, que arroje la primera piedra. Pero tenemos que ir un paso más allá y aclarar que la diferencia entre los tipos de elección de objeto radica en la dirección que toma el camino de la pulsión hacia la investidura de los mismos: o bien hacia el cuerpo

---

[255] Joan Copjec, *Imaginemos que la mujer no existe*. Buenos Aires, FCE, 2006, p. 98.
[256] *Idem*.
[257] *Ibid.*, p. 103.

propio (uno) o bien hacia el cuerpo ajeno (diferencia). Por lo tanto, retomemos la tesis que plantea Green al conjugar la última teoría de las pulsiones junto con la teoría del narcisismo, empresa teórica de difícil superación.[258]

Más allá de referir a las cualidades positivas, o sea, manifiestas, que Freud le adjudica al narcisismo —autoerotismo, omnipotencia de los pensamientos, parafrenias, hipocondría, vida amorosa—, Green indaga en el entendimiento del mismo a partir de su reverso. De esta manera, define clínicamente la existencia de un narcisismo negativo. (Rechardt e Ikonen lo definen, a su vez, como "narcisismo negro".[259]) A diferencia de la parte negativa que Balint le atribuye a la noción de narcisismo,[260] el narcisismo negativo sirve más como un redoblamiento del narcisismo (positivo): "doble sombra del Eros unitario del narcisismo positivo, porque toda investidura de objeto, así como del yo, implica su doble invertido, que aspira a un retorno regresivo al punto cero".[261] (Sin desviarnos demasiado, cabe mencionar que en 1915, Malevich pintó su obra *Carré noir sur fond blanc* [*Cuadrado negro sobre un fondo blanco*] o simplemente *Carré noir* [*Cuadrado negro*], en donde plasma un cuadrado de color negro sobre una superficie blanca. Según el pintor, esta pintura aducía al "eclipse de los objetos", es decir, a un postulado que converge en la apuesta por el fin de la representación "del mundo sensible según los parámetros tradicionales", además de que se refería al punto cero de la pintura, adviniendo a que es desde el cero, *en* el cero, que el verdadero movimiento del ser comienza.) Por lo tanto, el narcisismo negativo queda como aquel reverso de las cualidades unitarias del Eros, mismas que engendran, a partir de las desligaduras libidinales, la presencia ominosa de la figura del cero, o lo neutro (*ne-uter*). Así lo define Green:

---

[258] André Green, *Life narcissism, death narcissism*. Londres, Free Association Books, 2001.

[259] Eero Rechardt y Pentti Ikonen, "A propósito de la interpretación de la pulsión de muerte", en André Green, Pentti Ikonen, Jean Laplanche, Eero Rechardt, Hanna Segal, Daniel Widlöcher y Clifford Yorke, *La pulsión de muerte*. Buenos Aires, Amorrortu, 2008, p. 88.

[260] Véase *supra* pp. 135-136.

[261] A. Green, *Narcisismo de vida, narcisismo de muerte*. Buenos Aires, Amorrortu, 2012, p. 43.

"[...] el narcisismo negativo se dirige a la inexistencia, la anestesia, el vacío, lo *blanco* (del inglés, *blank*, que se traduce por la categoría de lo neutro), sea que eso blanco invista el afecto (la indiferencia), la representación (la alucinación negativa) o el pensamiento (psicosis blanca)".[262] Parecería que lo que hace Green es "positivizar" la expresión del narcisismo negativo, sin embargo, lo que precisamente logra identificar a través de la clínica psicoanalítica es el trabajo de lo negativo del mismo, aquello que nunca deja de estar presente en su ausencia a partir de la anulación de las ligaduras (*Bindungen*) e investiduras (*Besetzungen*) libidinales: el doble del narcisismo es la muerte.

En este sentido, debemos precisar la posición de Green con respecto al narcisismo negativo. Más que hablar de lugares y tópicas, espacios que retomará posteriormente en su libro, el narcisismo negativo es el trabajo de lo negativo a partir de ciertos movimientos libidinales, en este caso, de desligadura o desintrincación (*désintrication*).[263] Esto es importante retomarlo porque de esta manera nos acercamos a comprender que la posición que le atribuye Green al narcisismo —ya sea positivo o negativo— debe su fuerza al movimiento pulsional, sobre todo, a las investiduras libidinales que provoca el objeto. Por lo tanto, habría que distinguir entre una elección de objeto de tipo narcisista y una investidura narcisista, mientras que la primera nos acerca al reconocimiento del uno, podemos aseverar que la segunda opción, si bien narcisista en su inicio, muestra su apoyadura en un objeto (sexual) que brinda la posibilidad de repetir vivencias de satisfacción solo para que las pulsiones sexuales luego se separen de las pulsiones de auto-conservación y se plasmen en investiduras objetales. (Lo narcisista se modifica, en parte, a través de lo objetal.) A pesar de que "el enemigo del narcisismo [sea] la realidad del objeto",[264] es precisamente a través del empuje de este último que la vivencia del uno se divide. El objeto quedará investido con una carga narcisista primaria,

---

[262] *Ibid.*, p. 44.
[263] Véase Marilia Aisenstein, *El dolor y sus enigmas.* México, Paradiso editores, 2014, pp. 91-108.
[264] A. Green, *op. cit.*, p. 52.

solo para desenvolverse como algo ajeno y exterior al propio sujeto permitiéndole un circuito abierto para la satisfacción de la pulsión fuera del eclipse: el narcisismo se "divide" en aras por descubrir la vida o, en su caso contrario y mortífero, será el acceso más rápido para aliviar sus dolencias al encontrar el grado cero.

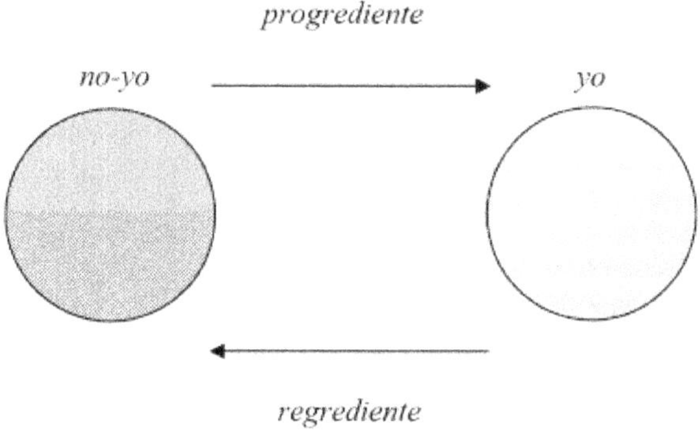

Figura 3. Movimiento pulsional

Por lo tanto, Green nos propone dos caminos que sigue el narcisismo primario: 1) hacia la elección de objeto, o 2) hacia el narcisismo primario absoluto.[265] Dicho de otra manera, el movimiento libidinal, a través de la ligadura-desligadura e investidura-desinvestidura, trazará una tendencia *progrediente* o *regrediente* por dónde mantener vigente las vías de facilitación (*Bahnung*) de la pulsión. En este sentido, Green define que estos caminos llevan hacia el Uno, travesía del narcisismo negativo (o de muerte), mientras que el segundo devenir fortalece el apremio del narcisismo positivo (o de vida) por descubrir un espacio en el campo del Otro. (En la tradición uruguaya, Garbarino y colegas identifican estos trayectos procedentes de un narcisismo tanático y un narcisismo trófi-

---

[265] *Ibid.*, p. 64.

co, respectivamente.[266]) En nuestro caso, la direccionalidad se entiende como el movimiento que empuja hacia la construcción del yo diferenciado, o hacia la anulación del mismo cegado por las sombras del no-yo, es decir, sepultado en el eclipse. Así nos encontramos con una bifurcación en la ruta: *per via della morte, per via della vita*. Dos tendencias que encomiendan una exigencia de trabajo de la pulsión para atesorar el trauma o redescubrir el objeto perdido. Así llegamos, entonces, a ilustrar el devenir del yo más allá del eclipse de la siguiente manera: del uno a la diferencia, o viceversa, de acuerdo a la trayectoria del narcisismo.

En efecto, el movimiento pulsional lleva a que el sujeto se encuentre suspendido entre el Uno y el Otro, entre la ilusión y la castración, un péndulo que arrecía las vivencias de satisfacción de acuerdo a las ligaduras e investiduras que se han hecho del objeto, un anhelo por el dos que no siempre es un destino lleno de buen augurio. Por un momento, el narcisismo empuja hacia los avatares del cuerpo, como lo demuestran las dolencias psicosomáticas o el consumo adictivo, pero en otras ocasiones la dirección que toma el narcisismo, quizá un poco más depresivo y reparador, fomenta el reencuentro con el otro, incluso tras el fallecimiento o separación imprevista del objeto real.

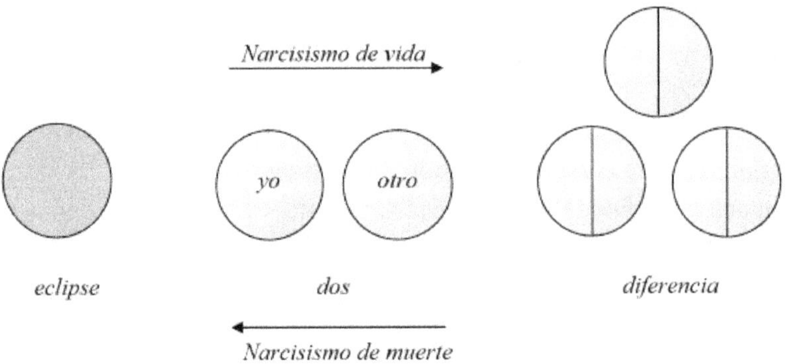

Figura 4. Los destinos del eclipse

---

[266] Héctor Garbarino, *Estudios sobre narcisismo*. Montevideo, APU, 1986, p. 5.

Del uno a la diferencia, de la ilusión a la castración, ¿qué acaso no estamos ante el contraste entre duelo y melancolía? Según Freud, ambas posiciones determinan una fuerte carga narcisista con una diferencia sustancial: mientras que en el duelo el objeto es lo que se pierde, en la melancolía lo que se empobrece es el yo. Así lo confirma Freud: "El melancólico nos muestra todavía algo que falta en el duelo: una extraordinaria rebaja en su sentimiento yoico (*Ichgefühl*), un enorme empobrecimiento del yo".[267] Este sentimiento yoico, o sentimiento de sí (*Selbstgefühl*) como aparece en el tercer apartado de *Introducción del narcisismo*, no es otra cosa más que la investidura narcisista con la que se adueña el propio yo para su sobrevivencia. No obstante, aquí vuelve a surgir nuevamente una elección de objeto de tipo narcisista, donde no es lo mismo perder al objeto que perderse a sí mismo. Ante la separación del objeto, el yo busca devorarlo en su ausencia sin saber que al hacerlo entra en un acto de autofagia: se muerde o se come la propia carne. Por lo tanto, el narcisismo negativo con la fuerza libidinal en dirección al eclipse hace de las suyas: "En lugar de dar sustento a la aspiración hacia la unificación del yo por el atajo de las pulsiones sexuales, el narcisismo negativo, dominado por el principio de Nirvana, representante de las pulsiones de muerte, tiende al rebajamiento de toda libido al nivel cero; aspira a la muerte psíquica".[268]

Por lo tanto, entendemos que el eclipse deja residuos, su desaparición nunca es pura. Según Freud, "la pérdida del objeto de amor es una ocasión privilegiada para que campee y salga a la luz la ambivalencia de los vínculos de amor",[269] es decir, el reforzamiento entre el vínculo amoroso y el hostil se disocia. Es precisamente en esta ambivalencia que situamos los caminos vehementes que retoma el eclipse una vez que desapareció. En el caso de Laura, es más probable que la separación de la madre a partir de las noticias de

---

[267] S. Freud, "Duelo y melancolía", en *op. cit.*, t. xiv, p. 243.
[268] A. Green, *op. cit.*, p. 310.
[269] S. Freud, "Duelo y melancolía", en *op. cit.*, t. xiv, p. 248.

su matrimonio, aunado al peligro de una fuerza que la vaciaba, un empobrecimiento total del yo, sea lo que la empujó hacia un destino eclíptico: "ya no me puedo ver en el espejo... siento que estoy despareciendo". Un tercero como mediador impide su retorno al eclipse, fusión con su novio o con su madre, incluso en transferencia. Una partícula eclíptica se desprendió en el momento que tiene que afrontar la ruptura o separación psíquica con la madre. Ella se siente eclipsada por no poder ser comprendida por alguien. Entonces, el reverso del apotegma freudiano: "Donde yo era, ello debe devenir" (*Wo Ich war, soll Es werden*).

Si avanzamos en la lectura de "Duelo y melancolía" como una extensión del trabajo sobre el narcisismo, como propone Strachey, o incluso como un epílogo a *Introducción del narcisismo* que llegó unos años después, podemos entrever dos destinos a la herida narcisista que queda abierta tras el desasimiento del eclipse: 1) la solución maníaca (o negativa), o 2) la solución depresiva (o creativa). Si bien es cierto que Freud posiciona el complejo maníaco dentro de la melancolía, debemos tomar en cuenta que la dirección que emprende dicha solución apunta más hacia la envoltura del eclipse, es decir, a que "la sombra del objeto cayó sobre el yo",[270] o mejor dicho, a que el sujeto ha quedado eclipsado. No obstante, la solución depresiva, quizá más laboriosa y aún más creativa, deba su respuesta al distanciamiento del objeto ante su pérdida, un proceso de duelo donde el yo debe resarcirse paulatinamente con el fin de abordar el mundo en uno o varios intentos sucesivos. Podríamos establecer que los destinos que comparten los dos tipos de narcisismo que señala Green o Garbarino y colegas, se emparejan con lo que definimos como un narcisismo maníaco y un narcisismo depresivo. Mientras el movimiento del esfuerzo pulsional acerque al sujeto a la experiencia de retornar al eclipse, desaparecer o derrumbarse, incluso autodestruirse, el otro destino será la apuesta por mantener vigente el riesgo por la vida, es

---

[270] *Ibid.*, p. 246.

decir, perdurar ante la diferencia. Quizá por eso, el amor, de acuerdo a Rilke, así como estar solo, sea una tarea difícil puesto que nos confronta con lo más oscuro de la herida narcisista. Para concluir, quizá sea mejor dejar la última palabra al poeta que nos anuncia que siempre hay una esperanza, un posible encuentro más allá del ocaso de los dioses: "El amor consiste en esto, que dos soledades se protejan, se acaricien y se acojan una a la otra".[271]

---

[271] R. M. Rilke, *op. cit.*, p. 41. (Traducción ligeramente modificada).

13. *In-betweenness* o los órganos traductores

La ciencia define que el negro no es un color. A partir del abanico de colores que son medidos dentro del espectro de la luz, desde la frecuencia baja del infrarrojo hasta la frecuencia alta del ultravioleta, el negro destaca precisamente por ser la ausencia de la luz, es decir, su negrura no puede ser medida debido a que carece del movimiento de fotones. De esta manera, un eclipse usualmente es catalogado por la presencia del negro debido a las sombras que despliega sobre la faz de la tierra en el momento que se oculta el sol. Como dice Badiou: "El negro es la ausencia de luz y, por lo tanto, la ausencia de cualquier longitud de onda (*wavelength*) en el análisis de lo que el negro niega".[272] ¿Acaso el negro oscurece a los demás colores? La respuesta que ofrece Badiou es que el negro es la ausencia pura, el extremo opuesto de la luz, su vacío. A lo largo de la historia, el negro ha sido destinado con-

---

[272] Alain Badiou, *Black. The brilliance of a non-color*. Londres, Polity, 2017, p. 33. (La traducción es mía).

vencionalmente a significar una variedad de cosas de acuerdo a su uso: es el color utilizado en las sociedades occidentales para el luto, también es el color de la vestimenta del fetiche, asimismo denota la impureza de ciertas almas, y hasta fue utilizado como la bandera de los piratas o en la actualidad por grupos terroristas como el Estado Islámico. No obstante, el negro también es el color que se le atribuye a la melancolía, la *melaina kole* (bilis negra), según Aristóteles, además de ser definida por Gérard de Nerval en su poema "El desdichado" como un sol negro.[273] De acuerdo a la traducción que hace Tomás Segovia, la primera estrofa del poema lee:

> Yo soy el Tenebroso, — el Viudo, — el Sin Consuelo,
> Príncipe de Aquitania de la Torre abolida:
> Mi única *Estrella* ha muerto, — mi laúd constelado
> También lleva el *Sol negro* de la *Melancolía*.[274]

En su libro *Black Sun*, Kristeva procede a un análisis de este poema y su autor.[275] De entrada, es claro que para Kristeva, De Nerval comienza su poema dándole tres atributos negativos al yo: desprovisto de luz, esposa y consuelo. Toda la primera estrofa está viciada con el negro: el tenebroso en referencia al Príncipe de las Tinieblas, el viudo en estado de luto, el sol negro como un destello de luminosidad oscura, la estrella que ha muerto, etcétera. Todo está contaminado con la negrura de la melancolía. Así lo explica Kristeva:

> Como resultado de la absorción de la "estrella muerta" en el "laúd" (*lute*), el "sol negro" de la "melancolía" emerge. Más allá del alcance alquimista, la metáfora del "sol negro" resume completamente la fuerza enceguecedora del humor abatido; un atroz y lúcido afecto afirma la inevitabilidad de la muerte,

---

[273] Gérard de Nerval, "El desdichado", en *Aurélia / Las quimeras*. México, CONACULTA, 2014, p. 91.
[274] *Idem*.
[275] Julia Kristeva, *Black Sun*. Nueva York, Columbia University Press, 1989.

que es la muerte del ser amado y del propio yo que se ha identificado con éste.[276]

¿Quién murió para el autor? La amada, la estrella, la madre, el propio yo, la juventud... No importa, ya que en la melancolía el pasado
nunca pasa, haciendo que entonces el verbo en pretérito —murió—
nunca llegue a su destino final y permanezca vigente en lo inconsolable
de la sombra más oscura del eclipse. Una "fuerza enceguecedora" des-
barata lo que se ha edificado dentro de un pantano de negrura impo-
tencia. Por lo tanto, el no-color por excelencia con el que se representa
al eclipse es precisamente el negro. Entonces, ¿qué queda después del
eclipse? ¿Qué sucede cuando el movimiento transicional de un cuerpo
con otro deja de difuminar al prójimo en un desierto de sombras abun-
dantes? En resumen: el eclipse deja secuelas.

En su artículo "Objetos transicionales y fenómenos transicionales",[277] Winnicott nos brinda su definición de la zona intermedia o espacio transicional. Dice: "[...] la zona intermedia de experiencia, entre
el pulgar y el osito, *entre el erotismo oral y la verdadera relación de
objeto*, entre la actividad creadora primaria y la proyección de lo que ya
se ha introyectado, entre el desconocimiento primario de la deuda y el
reconocimiento de ésta".[278] Lo que más destaca en su definición es precisamente un lugar, un "entre" comprendido como un puente colgante:
del erotismo oral a la relación de objeto. ¿Qué acaso ir del pulgar —autoerotismo— al osito de peluche —objeto externo— no es otra manera
de entender el paso del uno al dos? Lo interesante de todo este asunto
es la presencia de ciertos objetos y fenómenos transicionales que aparecen justamente dentro de este interludio. Este momento del espacio
transicional es lo que alimenta lo que se definirá como *in-betweenness*
(intermedio), una solución provista de la actividad creadora de objetos rotatorios. Para Winnicott, esta zona intermedia es crucial para

---

[276] *Ibid.*, p. 151. (La traducción es mía).
[277] Donald Winnicott, "Objetos transicionales y fenómenos transicionales", en *Realidad y juego*. Barcelona, Gedisa, 1979.
[278] *Ibid.*, p. 18. (Las cursivas son mías).

entender la distinción entre lo subjetivo y lo que se percibe de forma objetiva, entre el acecho de la ilusión (*illusion*) y el derrocamiento de la desilusión (*disillusionment*): "En la infancia la zona intermedia es necesaria para la iniciación de una relación entre el niño y el mundo".[279] En la zona intermedia el propio yo se origina en su negatividad: el no-yo.

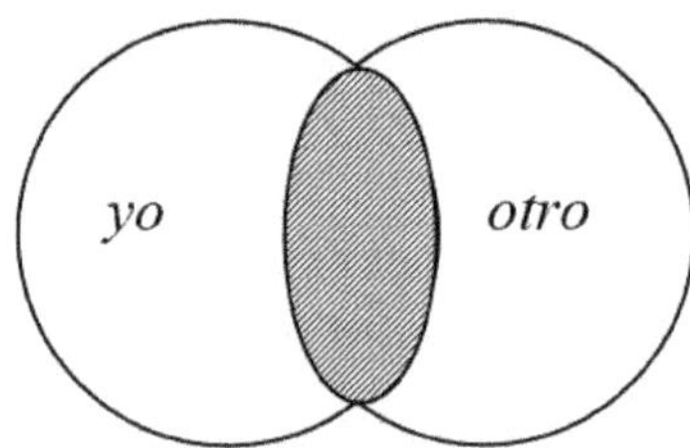

Figura 5. Intermedio (*In-betweenness*)

El espacio intermedio, la zona compartida por dos elementos, parecido a dos bocas que se tocan y se absorben mutuamente, conserva algún residuo del eclipse. Mientras que el yo se comienza a diferenciar del otro, surge una zona transicional entre ambos, donde aparece la potencialidad de ciertos fenómenos de creación primaria, pero que al mismo tiempo conservan los tintes del sobrante eclíptico. Sin embargo, toda zona intermedia se destaca precisamente por la instalación de nuevos límites que han diferenciado al yo del otro. Aunque Winnicott declare que en esta etapa aún "no hay factores externos [y que] la madre forma parte del niño", sucede que "la pauta de éste incluye la experiencia que él tiene de la madre, tal como ella es en su realidad personal".[280] Es decir, entre ambos surge la instancia de compartir no solo un espacio o zona (*in-betweenness*), sino también de acarrear mutuamente la integración de la preposición "en", lugar que indica dónde está algo, usualmente en el interior, o posición de algo que está encima o en contacto con alguna cosa.

---

[279] *Ibid.*, p. 31.
[280] D. Winnicott, "La integración del yo en el desarrollo del niño", en *Los procesos de maduración y el ambiente facilitador*. Buenos Aires, Paidós, 1996, p. 79.

Por lo tanto, surge que el establecimiento del límite entre un elemento y otro, entre el bebé y la madre, la distinción entre el yo y el no-yo, se define por el contacto *en* la piel: "En circunstancias favorables, la piel se convierte en el límite entre el yo y no-yo. [...] la psique ha empezado a vivir en el soma y se ha iniciado una vida psicosomática individual".[281] Así, la piel es el límite que procura el sentido del tacto. De cierta manera, todo lo unificador del "yo soy" (*I am*) funda la cohesión psicosomática, mientras que los aspectos de desaparición provienen del no-yo, siendo visto como portador de elementos de persecución o desintegración. No obstante, debemos prestar atención a que en este *in-betweenness* aparece aún como residuo la indistinción entre un elemento y otro: *in* (en/adentro). Dicho de otra manera, mientras que la zona intermedia procura la construcción de ciertos objetos y fenómenos, esto no puede ser posible sin su propia obliteración simultáneamente.

Entonces, ¿qué denomina la preposición "en"? Para Jean-Luc Nancy, no hay nada más *en* común que el mismo ser, la propia existencia: "Lo que compartimos es el ser, o la existencia. No estamos aquí para compartir la no-existencia, ella no es para ser compartida".[282] A través de su análisis, Nancy ofrece la explicación de que el ser no puede ser definido como una propiedad (común), sino un atributo ontológico "en común", perteneciente a la comunidad de la existencia. Como ya hemos visto, propone cómo el ser-ahí (*Dasein*) heideggeriano se vuelca en un *Mitsein* (ser-con), no como una añadidura sobre el primero sino como el plano ontológico de la existencia posible, es decir, solamente al "ser-con" el "ser-ahí" puede devenir: un verdadero *Mit-da-sein*. Para Nancy, el "ser-con" debe ser entendido como un "ser-en-común" debido a que solamente es con el prójimo, con la participación de la comunidad de la existencia, que podemos entender nuestro propio ser: el "ahí" (*da*) debe tener un lugar para existir y es precisamente en ese "ahí" (*da*) que se encuentra el plano del ser-con, *en* la comunidad (*con* el semejante). No existe un ser aislado, sin embargo, la condición del ser oscila ineludiblemente de un

---

[281] *Ibid.*, p. 80.
[282] Jean-Luc Nancy, "Del ser-en-común", en *La comunidad desobrada*. Madrid, Arena Libros, 2001, p. 151.

ser a un no ser, del puente suspendido entre yo y no-yo. Dice Nancy: "no hay comunión, no hay ser común, hay el ser *en* común".[283]

Hay que prestar atención al "en" que defiende Nancy. A pesar de que la filosofía de Nancy deba su sustento al sentido (*sens*) que constituye la relación de un ser siempre con otro —en relación *con* otro—, esto no atestigua que esa relación sea libre de intervalo. La separación entre un elemento y otro es lo que precisamente otorga la posibilidad de la relación misma, de lo contrario, nos volveríamos a encontrar dentro del eclipse, desprovistos de identidad y subjetividad, en la interioridad más oscura. La preposición "en" aborda una temática más allá de un adentro o posición interior, delimita la presencia de una exterioridad en primer plano.

> "Con", "juntos", o "en común" no quieren decir evidentemente "unos *en* otros", ni "unos *en* el sitio de los otros". Esto implica una *exterioridad*. (Incluso en el amor no se está "en" el otro más que estando en el exterior del otro, y el niño "en" su madre es también, aunque de un modo completamente distinto, exterior en esta interioridad. Y en la multitud más agolpada no se está *en* el sitio del otro.) Pero esto tampoco quiere decir simplemente "al lado de", ni "yuxtapuestos".[284]

En un claro ejemplo de la vida intrauterina, Nancy distingue que ambos elementos conservan su exterioridad en la interioridad. Por lo tanto, lo que sigue es su análisis de una lógica en particular. El *Mitsein* (ser-con), entendido ya como un ser-en-común, correlativo del *Dasein* (ser-ahí), inaugura la lógica singular de un adentro-afuera. Antes de esta lógica, durante el momento del eclipse, no existe tal distinción: ¿dónde termina la actividad auto-erótica del chupeteo y dónde comienza la relación de objeto? En el eclipse, ambos no se diferencian entre sí.

---

[283] *Ibid.*, p. 156.
[284] *Ibid.*, p. 166. (Las cursivas son mías).

Lo que logra establecer la lógica de un adentro-afuera más allá de la distinción entre fronteras es la evidencia de que el ser queda expuesto: no hay ser interior sino solo en su exterioridad. Mientras que esta lógica es, al final de cuenta, una lógica del límite entre lo extraño y lo cercano, entre lo individual y lo colectivo, Nancy refiere a que este espacio que abre el "en" es un lugar de exposición más no de apropiación: pertenece a todos y al mismo tiempo a ninguno. Ante la partición del ser, la evidencia de la existencia queda expuesta en el cobijamiento que le depara la comunidad, es decir, el ser siempre llega a develarse como "ser-con" o "ser-en-común". Dice Nancy: "El *en* (el *con*, el *cum* latino de la 'comunidad') no designa ningún modo de la relación, si la relación debe ser planteada entre dos términos ya suministrados, entre dos existencias dadas".[285] Esto quiere decir que el ser no es sostenible como algo idéntico a la existencia, sino que debe su revelamiento a partir de la relación con la diferencia: el ser es *en* común.

El problema del "en" es precisamente que se confunde con el derecho o garantía de realmente estar *en* el otro y colonizar su interioridad. El "en" solo es posible "afuera", en la exterioridad que se abre ante el mundo. Esta exterioridad no es algo dado ni mucho menos una realidad por antonomasia por el simple hecho de nacer, ésta misma es una apertura, una posibilidad que debe construirse —como hemos visto— a partir del paso del placer a la realidad. En este sentido, la culminación del análisis de Nancy se detiene en la afirmación de que el ser, como ha quedado expuesto en la exterioridad, está en juego ante la pertenencia del mismo en un sector que llama "en": "El ser 'es' el *en*".[286]

En resumen, podemos declarar que el "en" (*in*) del *in-betweenness* queda confeccionado como aquello que divide y junta al mismo tiempo, un espacio o zona transicional que promueve el desasimiento del eclipse y la generación de objetos. Así, la exterioridad se manifiesta como un intento a salir de "adentro", de la obliteración del eclipse, hacia un "afuera" provisto de un principio de placer-displacer que será

---

[285] *Ibid.*, p. 168.
[286] *Ibid.*, p. 169.

comprendido y enquistado sobre la piel y el cuerpo en el encuentro con el mundo. No obstante, el "en" no es un espacio "entre-dos" personas, sino la mutua conjugación (disyuntiva) del movimiento en el sentido deleuziano: "Solamente existe un movimiento, que puede ser pensado únicamente en sí mismo como un 'intermedio' (*in-between*) de dos movimientos, el movimiento de actualización y el movimiento de virtualización".[287] El "en" solo es posible a través del movimiento: de un cuerpo *per via della morte, per via della vita*.

Efectivamente, para tocar un cuerpo es necesario una distancia. Así lo testifica Nancy al postular su filosofía del tocar: "Tocar comienza cuando dos cuerpos se distancian y se distinguen uno del otro".[288] Según Nancy, el ejemplo paradigmático del chupeteo es el primer acto del tocar, cuando al separarse de la madre se abre una posibilidad para que el bebé descubra/construya el contacto, esto es la relación. No obstante, tal distinción aún no está completamente separada entre ambos elementos, ya que de acuerdo a Aulagnier en este momento originario estamos ante la presencia no de dos individuos sino de meramente un encuentro entre una zona erógena (órgano sensorial) y un objeto: boca-pecho se aproximan para forjar la representación pictográfica, primera obra de la psique.[289]

Para ello, Nancy detalla que la piel, en este sentido originario, no envuelve sino todo lo contrario: desenvuelve. Dice Nancy: "La piel que envuelve no es ella misma más que el **desenvolvimiento** y la puesta en juego, la exposición general de toda la circunscripción del cuerpo (de toda su soltura)".[290] Es a partir del desenvolvimiento de la piel hacia el mundo, exposición del ser ante el "en", que se logra tocar. El tocar siempre implica una cercanía entre el órgano y la intensidad, es decir, el tocar es la experiencia de estar afuera: "Movimiento líquido de un ritmo oleaje, resaca de la ex-istencia que es 'estar afuera' porque el

---

[287] Alenka Zupančič, *The shortest shadow*. Cambridge, Massachusetts, MIT Press, 2003, p. 88. (La traducción es mía).

[288] J.-L. Nancy, *Archivida. Del sintiente y del sentido*. Buenos Aires, Quadrata, 2013, p. 12.

[289] Piera Aulagnier, *La violencia en la interpretación*. Buenos Aires, Amorrortu, 1977.

[290] J.-L. Nancy, *op. cit.*, p. 17. (Las cursivas son mías).

'afuera' es la inflexión, la curva y el ritmo de este flotar y frotar según el cual mi cuerpo se baña entre todos los cuerpos y mi piel lo hace a lo largo de otras pieles".[291] Es por ello que para Nancy, no hay alquimia entre sujetos sino sencillamente un juego de extensiones y contracciones de superficies al estar expuestas por el tacto. ¿Qué acaso esto no nos lleva a imaginarnos las antenas de la vesícula indiferenciada que propone Freud en *Más allá del principio de placer*?

Pensar en superficies es forzosamente remitirnos a las barreras-contacto. Desde el *Proyecto de psicología*, Freud habla de resistencias en relación a su teoría de las barreras-contacto: "[...] un almacenamiento de $Q\dot{\eta}$, es posibilitada por el supuesto de unas resistencias que se contra-ponen a la descarga, y la arquitectura de la neurona sugiere la posibilidad de situar todas las resistencias en los *contactos*, que así reciben el valor de unas *barreras*".[292] Este almacenamiento es lo que Freud definirá posteriormente como la construcción de la memoria, obstáculo detentor de toda descarga inmediata. De esta manera, las barreras-contacto posibilitarán la edificación de dos sistemas que trabajen en conjunto para determinar el influjo pasadero del decurso excitatorio además de resistir el libre acceso de toda cantidad energética. Dos sistemas que se componen de dos tipos de neuronas, unas pasaderas y otras no pasaderas.

> [...] existen neuronas *pasaderas* (*durchlässig*) (que no operan ninguna resistencia y no retienen nada), que sirven a la percepción, y las neuronas *no pasaderas* (aquejadas de resistencia y retenedoras de $Q\dot{\eta}$), que son portadoras de la memoria y probablemente también de los procesos psíquicos en general. En lo sucesivo llamaré ϕ al primer sistema de neuronas, y ψ al segundo.[293]

---

[291] *Ibid.*, p. 19.
[292] Sigmund Freud, "Proyecto de psicología", en *Obras completas*, t. I. Trad. de José L. Etcheverry. Buenos Aires, Amorrortu, 1986, p. 342.
[293] *Ibid.*, p. 344.

Las barreras-contacto logran edificar una distinción fundamental en el aparato psíquico a partir del trabajo de las neuronas pasaderas e impasaderas, y que además reza como una de las máximas que Freud constantemente trabajó a lo largo de sus textos metapsicológicos: "*Es que conciencia y memoria se excluyen entre sí*".[294] En este sentido, la conciencia es mejor entendida como el sistema percepción-conciencia (*P-Cc*),[295] mismo que para 1923, en *El yo y el ello*, Freud le da un estatuto no solo de ser un sistema-superficie sino que además lo muestra como la antesala para la representación del yo. ¿Qué acaso Freud no definió al yo como la proyección de la superficie corporal? Dice Freud: "El yo es sobre todo una esencia-cuerpo: no es sólo una esencia-superficie, sino, él mismo, la proyección de una superficie".[296] Dicho de otra manera, las neuronas pasaderas que permiten el libre flujo del decurso excitatorio se las verán con las neuronas no pasaderas, mismas que logran construir los cimientos de una memoria (corporal), trazos que se dejan sobre la carne, para albergar en el aparato psíquico el inicio de las vías de facilitación (*Bahnungen*). Explica Freud: "la memoria evidentemente es, en relación al decurso excitatorio, uno de los poderes comandantes, que señalan el camino, y con una facilitación igual en todas partes no se inteligiría la predilección por un camino".[297] Es por ello que el mismo Freud corrige su primera definición de "memoria" y le agrega un factor adicional: la diferencia. "*La memoria está constituida por los distingos dentro de las facilitaciones entre las neuronas* ψ".[298] Sin diferencia no habría discernimiento que ayude a las neuronas a elegir por un camino privilegiado y de mejor facilitación con el fin de lograr

---

[294] S. Freud, "Carta 52", en *op. cit.*, t. i, p. 275. En un apartado similar de 1925, Freud dice: "[...] capacidad ilimitada de recepción y conservación de huellas duraderas parecen excluirse en los expedientes con que sustituimos a nuestra memoria". S. Freud, "Nota sobre la 'pizarra mágica'", en *op. cit.*, t. xix, p. 244.

[295] En su artículo "Complemento metapsicológico a la doctrina de los sueños" de 1917, Freud escribe: "A ese sistema, que allí llamamos *P*, lo hacemos coincidir con el sistema *Cc*, de cuyo trabajo depende por regla general el devenir-conciente". S. Freud, "Complemento metapsicológico a la doctrina de los sueños", en *op. cit.*, t. xiv, p. 230.

[296] S. Freud, "El yo y el ello", en *op. cit.*, t. xix, p. 27.

[297] S. Freud, "Proyecto de psicología", en *op. cit.*, t. i, p. 344.

[298] *Ibid.*, p. 345.

la vivencia de satisfacción. Aunado a este camino que se construye, Freud establece que el yo se logra diferenciar del ello bajo la influencia del mundo exterior (con mediación del sistema-superficie *P-Cc*) en "una continuación de la diferenciación de superficies".[299] Estas superficies —dado que son múltiples— son la exposición ante el mundo. De cierta manera, podríamos aseverar que la emergencia del sistema ψ, la memoria almacenadora del decurso excitatorio de la pulsión, es lo que detiene, por un momento mínimo, el libre accionamiento del principio de inercia, mismo que quedará suplantado, ante el arribo del prójimo, por el principio de constancia.[300] Pero, ¿qué hay de las antenas?

En su ejemplo de la vesícula indiferenciada de *Más allá del principio de placer*, Freud remite a las barreras-contacto pero de distinta forma. En este caso, Freud apela a la teoría de las barreras-contacto deteniéndose en el factor de protección de las mismas, es decir, en la conservación de energía: "Para el organismo vivo, la tarea de protegerse contra los estímulos *es casi más importante* que la de recibirlos".[301] Si los estímulos que provienen del exterior son percibidos como destructivos debido a que irrumpen el equilibrio libidinal, la protección anti-estímulo, recordatorio puesto sobre las barreras-contacto, sustrae la energía del mundo exterior en aras de diluir su impacto sobre el organismo: "su superficie más externa deja de tener la estructura propia de la materia viva, se vuelve inorgánica [...] y en lo sucesivo opera apartando los estímulos, como un envoltorio especial o membrana; [...] hace que ahora las energías del mundo exterior puedan propagarse sólo con una fracción de su intensidad a los estratos contiguos, que permanecieron vivos".[302] Parece que lo que Freud describe es una capa inorgánica carente de vida que envuelve al organismo con el fin de protegerlo de la intensidad de los estímulos para así administrar cuotas pequeñas de su

---

[299] S. Freud, "El yo y el ello", en *op. cit.*, t. XIX, p. 27.
[300] Véase Helga Korkowski, "Antecedentes de la teoría sexual", en *Publicaciones de la Sociedad Freudiana de la Ciudad de México*, 2015.
En: sfreudiana.mx/index.php/publicaciones/item/80-antecedentes-teoria-sexual.html
[301] S. Freud, "Más allá del principio de placer", en *op. cit.*, t. XVIII, p. 27. (Las cursivas son mías).
[302] *Idem.*

continuidad. En un afán por orientar los influjos externos, la preservación de energía (interna) indica los caminos hacia dónde debe tramitar la excitación. En este sentido, Freud destaca la presencia de ciertos receptores inmediatamente debajo de la protección anti-estímulo que él define como órganos sensoriales. Debido a sus propiedades receptivas, estos órganos son mecanismos provistos de la nivelación necesaria, en dado caso de que el estímulo no sea demasiado fuerte ya que de lo contrario éste perforaría la malla de protección, para conducir las cantidades energéticas a diversos sitios en el cuerpo (a lo largo de la piel) y así proteger al organismo. He aquí su recurso tentacular. Explica Freud: "Es característico de tales órganos el procesar sólo cantidades muy pequeñas del estímulo externo; toman sólo pizquitas del mundo exterior; quizá se los podría comparar con unas antenas que tantearan el mundo exterior y se retiraran de él cada vez".[303] Entonces, las antenas serán entendidas como puertos replegables que comunican entre el adentro y el afuera, y que vigilan el comercio entre ambas superficies. Las antenas con su extensión tentacular funcionan a manera de apéndice al trabajo de la pulsión, o, para decirlo de otra manera, éstas mismas son la prolongación de las zonas erógenas que tocan la superficie del mundo. La "superficie inorgánica" de la que habla Freud en realidad no es una capa carente de vida, sino todo lo contrario, son zonas donde la vida es *más* que vida, espacios que fungen como la traducción posible de la vida —la externa— en sedimentos de otra vida —la interna—. Las zonas erógenas son los verdaderos traductores de la realidad.

Ante este problema, podemos remitirnos a dos ejemplos. El primero se basa en la teoría de los cuerpos agujereados que expone Segarra. Dice: "Los orificios anatómicos son, en efecto, los elementos en torno a los cuales se organiza la experiencia y el progresivo autoconocimiento del cuerpo desde las primeras semanas de vida, y seguirán ejerciendo una suprema fascinación a lo largo de toda nuestra existencia".[304] De esta misma manera, el aprendizaje que se obtiene del cuerpo a tra-

---

[303] *Ibid.*, pp. 27-28.
[304] Marta Segarra, *Teoría de los cuerpos agujereados*. Santa Cruz de Tenerife, España, Melusina, 2014, p. 10.

vés del mismo, es que en dichas aperturas de los orificios anatómicos no sólo se logra la satisfacción necesaria, sino que además se construyen potentes zonas erógenas, puertos a través de los cuales la pulsión (parcial) edifica la memoria para darle consistencia al cuerpo. Por otro lado, el segundo ejemplo destaca nuevamente la contradicción que se suscita entre la finitud del cuerpo y la infinitud del placer (previo), esto es a lo que se refiere la tesis de que lo infinito entra al cuerpo (finito) a través de las zonas erógenas. Así lo explica Schuster: "[...] *lo infinito entra en el cuerpo*: el cuerpo que está gobernado por el circuito cerrado de la necesidad y satisfacción, ahora está animado por una 'energía' (en el sentido aristotélico) que no tiene ningún punto de detención intrínseca".[305] Por lo tanto, el movimiento infinito del placer (previo) es ahora capturado por los mismos límites (finitos) del cuerpo. En resumen, hay más cosas que habitan en las zonas erógenas que en toda nuestra filosofía.

De acuerdo a Freud, el sistema *P-Cc* tiene la función de orientarse distinguiendo entre un adentro y un afuera. Es así que dicho sistema requiere mantener cierto nivel de excitación mínima para realizar un examen de realidad (*Realitätsprüfung*): "[el sistema *P-Cc*] tiene que disponer de una inervación motriz por la cual se establezca si la percepción puede hacerse desaparecer o se comporta como refractaria".[306] No por casualidad Freud identifica a este examen como "una de las grandes *instituciones del yo*, junto a las *censuras* establecidas entre los sistemas psíquicos",[307] por lo que establece un punto de contacto, una superficie que discrimina entre las exigencias internas y las procedencias exteriores, un encuentro entre el cuerpo y el objeto. El sistema *P-Cc* funciona justamente en la frontera entre lo exterior y lo interior a manera de zonas erógenas, superficies corporales, lugares de inter-

---

[305] Aaron Schuster, *The Trouble with Pleasure*. Cambridge, Massachusetts, MIT Press, 2016, p. 112. (La traducción es mía).
[306] S. Freud, "Complemento metapsicológico a la doctrina de los sueños", en *op. cit.*, t. XIV, p. 231.
[307] *Ibid.*, p. 232.

cambio psíquico, aduanas del comercio libidinal con el mundo, *in-betweenness*: esto es, las superficies son lo que se tocan.

Esto no quiere decir que las zonas erógenas sean registros conscientes del aparato psíquico, sino que más bien son las áreas por donde el ser queda expuesto. Como ya hemos visto, en el momento del nacimiento, el ser humano aún es exigido con la tarea de sobrevivir con ayuda de un semejante. Siguiendo el planteamiento de Blanchot que aduce que la escena originaria no es un comienzo, puesto que lo que domina es la insuficiencia, debemos prestar atención a lo que está en juego con los residuos del eclipse. Dice Blanchot: "Nacer es, después de haber tenido todo, carecer repentinamente de todo, y en primer lugar del ser (el niño no existe ni como cuerpo constituido, ni como mundo)".[308] Según Nancy, en su poema filosófico titulado "Del empuje de la vida que brota o 'Archivida'", ser es nacer: "[...] en las cuales ser es nacer / y nacer al mundo es nacer mundo / cada vez otra distinción, otro ser-ahí, / nacer-ahí, nacer-al-ahí / otro ser-uno-ahí del cual se abre otro impulso / hacia otro afuera".[309] Nacer al "ahí" (*da*) implica una indicación, un esfuerzo por situar un lugar: nacer-ahí es aparecer *en* el cuerpo (*con* el cuerpo) a través del mismo. En ese espacio intermedio, compuesto por una lógica del límite, bajo el auspicio de un sistema *P-Cc*, entre la conjunción disyuntiva de los movimientos de un cuerpo a otro, el ser se despliega a través de la zona erógena por excelencia —la superficie de la piel— y con los múltiples encuentros que procura en el tacto. De acuerdo a Nancy, desear la división del sujeto es realmente desear la vida, pero como dice: "[...] no es en sí más que la división misma / no de ella misma / no de alguna célula / sino de aquello / que no sería si la división no se deseara ahí".[310] Nacer en el "ahí" (*da*) es exponer que el ser se sitúa en el campo con relación al otro a partir del tacto, la piel que se rasga y que muchas veces cuenta mejor la historia de nuestros placeres y dolores. Pensemos en el descubrimiento del cuerpo como lienzo de escritura, o en la actualidad cuando identifica-

---

[308] Maurice Blanchot, *La palabra analítica*. Buenos Aires, La cebra, 2012, p. 15.
[309] J.-L. Nancy, *Archivida. Del sintiente y del sentido*, p. 67.
[310] *Ibid.*, p. 73.

mos tantas dolencias psicosomáticas, sintomatologías de la adicción que evidencian la rotura del cuerpo (i.e. alcoholismo o drogadicción), marcas que sirven de sustituto a la escritura: todas quizá no dolencias del cuerpo exclusivamente sino más bien padecimientos del ser, de la existencia que ha brotado desde el "ahí" (*da*). El ser deviene "ahí" (*da*) en común expuesto a través del intercambio de las zonas erógenas y las dolencias de su superficie: el cuerpo es el máximo residuo que queda después del eclipse. Y no solo esto, el mundo tan extenso y extraño, por fin aparece y se conserva *en* y *a través* de la corporalidad.

Por último, sabemos que el objeto solamente aparece después de su pérdida, su aprehensión llegará por aditamento. Hay que perder la negrura del eclipse, iluminar las sombras que caen sobre el yo para devenir cuerpo. Ya sea a través de un proceso que dirija al sujeto hacia la simbolización (Kristeva), la integración (Winnicott), o incluso la metábola (Laplanche) o el *reverie* (Bion), la ausencia del mismo es lo que precisamente dará luz como reflejo del vacío más oscuro: no hay más color que aquél que se refleja sobre un lienzo invadido por la negrura de la ausencia desde donde se emana la vivencia de un cuerpo. El proceso simbólico separa el origen pero también lo enuncia. Recordemos que si Hegel definió al hombre como un animal enfermo, mismo que anhela su trascendencia, la noche más oscura del alma también deja caer su peso sobre él. El hombre es una nada que cuenta como algo: infausto recuerdo de su origen ensombrecido.

14. Un soplo de diferencia, después del eclipse

En un encuadre horizontal a contra-picada vemos en primer plano a un hombre de espaldas con traje oscuro, cuyo dorso y cabeza se cargan hacia el lado derecho y abarcan casi la mitad de la superficie de una fotografía en blanco y negro. Su cabello es corto, quizá castaño claro, mientras que la parte izquierda de su cabeza deja mostrar su oreja y su quijada revela una barba desaliñada. El margen inferior corta su cuerpo aproximadamente a la altura del busto. Su mano izquierda descansa empuñada sobre un anaquel blanco, mismo que sostiene un espejo sobre la pared que se extiende desde el borde izquierdo de la imagen, en forma rectangular, en dirección contraria llegando a casi la mitad del borde superior. Del lado derecho aparece una pared blanca. El remate del espejo con la pared forma una línea que se marca por encima de la cabeza del hombre. La principal fuente de luz emana del lado izquierdo de la fotografía, lugar donde encontramos el espejo extenderse, iluminando los lados diestros de todas las superficies y proyectando sombras sobre los izquierdos: evidente juego de claroscuro. Enfrente de él, el reflejo de su rostro en el espejo nos brinda más información sobre la identidad del individuo: un hombre de edad mediana con traje, camisa de vestir desabotonada a la altura del cuello, y sin afeitarse, con marcadas líneas de expresión en la frente. La figura del busto del hombre en el espejo está sumergida en un fondo oscuro que devela el reflejo, oscuridad que se encuentra a espaldas del cuerpo en primer plano. La cara, el elemento más iluminado, aparece bañada por la luz. El rostro del hombre proyectado en el espejo muestra un gesto cuya mirada se dirige hacia su boca abierta, misma que exhala un aliento que produce una mancha en forma de vaho sobre el reflejo. Su rostro ha quedado parcialmente desvanecido por su soplido, su identidad aún más impronunciable.

En 1977 Dieter Appelt expuso esta fotografía impresa sobre gelatina de plata, de 30 x 30.4 centímetros de dimensión, titulada: "Der Fleck auf dem Spiegel, den der Atemhauch schafft" ("La mancha sobre el espejo, creado por el soplo del aliento"). El sustantivo *Fleck*, mismo que significa "marca" o "punto", aduce a que el aliento deja un rastro, una mancha sobre el espejo que difumina el rostro del hombre: es como si el fotógrafo dejara su espíritu plasmado en su retrato especular. Por un lado, el espejo devela la identidad del hombre al mismo tiempo que la superficie del reflejo conserva su velo: aquello que ilumina, a su vez, oscurece. Así, entendemos el doble juego que propone Appelt sobre la condición humana, una bisagra de claroscuro donde el rostro en el espejo se esclarece con la luz y cuando el aliento, señal de la respiración humana, se manifiesta, entonces hace desaparecer el mismo semblante ocultándolo. En la fotografía, el aliento, ese signo vital, es lo que también ensombrece la soltura de la figura central. En este sentido, podemos entrever que dentro de tanta oscuridad, negrura que inunda la soledad de la luz, aparecen contornos de reflejo y luminosidad. Al momento en que el eclipse oscurece el campo, la ciudad y/o los mares, a lo largo de su duración surge una corona de luz, un halo de profunda intensidad: la sombra del eclipse crea un destello de luz.

Por un momento discurramos con el ejemplo opuesto al eclipse: el sol cenital. El cenit del sol está marcado por su posición vertical sobre un lugar, usualmente establecido por el mediodía, a las doce *post meridiem*. Además de su verticalidad, el sol emana su mayor incandescencia del día, si es que el cielo está despejado, al mismo tiempo que desaparecen o se acortan todas las sombras posibles. De esta manera, el mediodía (*Mittag*) se presenta como una figura de suma importancia para la filosofía de Nietzsche: el *Mittag* es lo que inaugura la figura del dos.[311] El mediodía no es un momento de unificación, sino más bien de separación donde el uno se divide en dos. En su análisis sobre esta figura nietzscheana, Zupančič define, a su vez, la relación que conserva el *Mittag* con el *Mitte* (medio). Ambos son instantes de una conjunción disyuntiva donde no es que se toma algo de cada una de las piezas, sino que éstas se mezclan para separarse y distinguirse entre sí. El *Mitte* representa esa ocasión donde se produce una diferencia. Por su parte, en *Breve tratado de ontología transitoria*,[312] es interesante ver cómo Badiou define el "más allá" (*jenseits*) nietzscheano mejor entendido no como una síntesis o un tercer elemento, sino como un "medio" (*middle*), algo que incluye al dos. Por decirlo de otra manera, el *Mitte* es aquel momento donde dos movimientos acontecen simultáneamente. Así, el mediodía queda como aquella figura que proyecta el dos.

Para explicar el significado del mediodía en Nietzsche, primero es necesario entender la inclusión de la tercera posibilidad. Para romper con el binomio conceptual de los opuestos (i.e. verdad-apariencia, bien-mal, afirmación-negación, actividad-pasividad) que forjan una totalidad en su conjunto, Nietzsche ofrece una alternativa. La tercera posibilidad no es una combinación de los dos primeros opuestos, ni mucho menos su integración. En lugar de apoyar su pensamiento filosófico exclusivamente en el dominio de la negación, que haría de ésta un retorno al uno absoluto, a la totalidad que siempre es contraria a la afirmación, Nietzsche propone realizar una doble afirmación, es decir, la negación de la negación. En este sentido, si la pareja conceptual radica en sostener la tensión entre la afirmación y su negación, la segunda afirmación, en realidad, se comporta como una reacción a la negación en sí. Según Zupančič, una manera de entender la aportación de Nietzsche es no colocar al Uno y al Otro como opuestos, ya que esto

---

[311] Alenka Zupančič, *The shortest shadow*. Cambridge, Massachusetts, MIT Press, 2003, p. 87. (La traducción es mía).

[312] Alain Badiou, *Breve tratado de ontología transitoria*. Barcelona, Gedisa, 2001.

haría del Otro un Uno absoluto en sí mismo, es decir, el Otro (absoluto) se comportaría al final de cuentas como el elemento que excluye la posibilidad de una relación. Es precisamente en este punto donde la tercera posibilidad que introduce Nietzsche recalca la importancia de la relacionalidad de ambos opuestos a partir de este tercer elemento que introduce. No obstante, Zupančič resalta lo siguiente: "la fuerza activa está enteramente del lado de la negación. [...] la única forma de afirmación es reactiva".[313] De esta manera, la doble afirmación tiene un propósito: generar un espacio de mínima diferencia o intervalo.

Para Nietzsche, toda negación es, en cierta forma, una manifestación del nihilismo. Más que adentrarnos en el debate sobre un nihilismo activo o pasivo, debemos enfocar nuestra atención a lo que la doble afirmación eventualmente confirma. En resumen, la doble afirmación funciona muy parecido a otro cuadro de Malevich, *White on White*, de 1918. En un lienzo con fondo blanco, Malevich coloca un recuadro blanco, de menor tamaño, y lo pega sobre el mismo fondo (blanco). Blanco sobre blanco: ambas afirmaciones forman una rotura, una grieta entre un color y el mismo color, ya que aunque ambos se traspongan nunca se mezclan. Esta brecha es donde precisamente se sitúa la existencia de la negación en la doble afirmación, nombre que Nietzsche define como la "sombra más corta" (*shortest shadow*) por su relación con el mediodía. Dice Zupančič: "[la] negación solo existe en y a través de este hiato (*hiatus*); existe solo como la mínima diferencia entre los dos — como la 'sombra más corta', para utilizar el término de Nietzsche".[314] La negación no es lo opuesto a la entidad positiva, sino su transformación donde lo positivo se convierte en positivo. De esta manera, podemos entrever un parecido a la distinción que hace Winnicott con respecto al objeto, mismo que lo divide en dos sustratos: el objeto-objetivo y el objeto-subjetivo.[315] Mientras que el objeto-objetivo permanece como el objeto del mundo, aquél que reposa en la exteriori-

---

[313] A. Zupančič, *op. cit.*, p. 135. (La traducción es mía).
[314] *Ibid.*, p. 136. (La traducción es mía).
[315] Donald Winnicott, "La creatividad y sus orígenes", en *Realidad y juego*. Barcelona, Gedisa, 1979, pp. 93-116.

dad, el objeto-subjetivo es la representación psíquica del mismo objeto exterior; es como cuando los trillizos dicen que han tenido no solo una madre sino tres, cada uno tiene *su* propia (representación) madre.

Este cuestionamiento nietzscheano nos confronta con la labor del juicio, como hemos visto anteriormente, dividido por Freud en dos tipos —de atribución y de existencia—. Antes de tomar en cuenta la existencia de algún objeto en el mundo, primero se le debe de investir con alguna propiedad, ya sea placentero o displacentero, bueno o malo, para sustentar su existencia. El objeto por sí solo, con la existencia dada, no puede ser aún representado ni percibido por el aparato psíquico, éste necesita atribuirle una propiedad a lo que se refiere primero como una cosa para luego devenir objeto. Por lo tanto, el objeto percibido nunca empatará con el objeto representado haciendo que siempre subsista una inconmensurabilidad en el encuentro. Zupančič lo explica de la siguiente manera: "En lugar de una falta del objeto para que devenga objeto, la falta existe únicamente en la forma de una diferencia inherente al objeto, es decir, en la forma en que el objeto no puede coincidir *consigo mismo*".[316] Esto no significa que el objeto contenga una fractura interna o que se presente incompleto; de hecho, todo objeto siempre es parcial debido a esta no-equivalencia del objeto consigo mismo. Como lo afirma Winnicott, se descubre (y se construye) el objeto solamente para saber que éste siempre había existido, por lo tanto, aquello que logra ser objeto nunca embonará con el mismo objeto, siempre quedará un residuo inconmensurable: el objeto no se relaciona consigo mismo si no es a partir de su propia negatividad (o diferencia). De esta misma manera, podemos afirmar que la satisfacción y la demanda nunca serán equivalentes, pues siempre habrá algo más, una mínima diferencia incompatible entre ambas, para que el deseo subsista y transite libremente. Esto no significa que no hay satisfacción posible ni real, o encuentro entre una demanda y el objeto, o que el objeto que se nos presenta no coincida consigo mismo: "[...] para que suceda una coincidencia sorprendente de este tipo (por de-

---

[316] A. Zupančič, *op. cit.*, p. 136. (La traducción es mía).

cirlo muy sencillamente: si algo ha de coincidir *consigo mismo*), debe de haber una diferencia mínima que ya esté operando de antemano".[317] Quizá por eso la primera entrevista con el psicoanalista, en realidad, siempre será un reencuentro.

En este caso, hay que recordar que el objeto añade algo a este reencuentro. En su libro, ***La sombra del objeto***, Bollas introduce la figura del objeto transformacional. Al interesarse por el ambiente facilitador como un suplemento a la formación y sostenimiento del yo, Bollas identifica la importancia del otro mejor entendido por su participación como un proceso más que como persona u objeto: "[...] *la madre es significante e identificable menos como un objeto que como un proceso* que es identificado con transformaciones acumulativas interiores y exteriores".[318] Lo que describe Bollas por "proceso" es la relación que existe antes de toda relación, es decir, previo a la figuración de la cualidades del objeto que fomentan una relación de objeto propiamente dicha. En este sentido, Bollas identifica la primera experiencia subjetiva del infante con el objeto, todavía carente de cualidades y figurabilidad, como un ensayo con un objeto transformacional:

> Un objeto transformacional es identificado vivencialmente por el infante con procesos que alteran la experiencia del sí (*self*). Es una identificación que emerge de un allegamiento simbiótico, donde el objeto primero es "sabido" (*known*) como una recurrente experiencia de existir, y no tanto porque se lo haya llevado a una representación de objeto: un saber más bien existencial, por oposición a uno representativo.[319]

Es más que evidente que nuestro interés no radica en confirmar la tesis simbiótica a la cual Bollas tiende a preferir, sino más bien a la

---

[317] A. Zupančič, *¿Por qué el psicoanálisis?*. México, Paradiso editores, 2013, p. 117.

[318] Christopher Bollas, *The shadow of the object*. Londres, Free Association Books, 1987, p. 14. (*La sombra del objeto*. Buenos Aires, Amorrortu, 1991, p. 30).

[319] *Idem*.

importancia del factor procesal. Un proceso es un conjunto de operaciones complejas que establecen una transformación de un elemento a otro, una modificación que aparece en el momento del contacto de un objeto con otro. En este sentido, Bollas es claro en ilustrar que la madre, en un inicio, no es pensada aún como un "otro". En su lugar, "[...] la madre es experimentada como un proceso de transformación, y este aspecto de la existencia temprana pervive en ciertas formas de búsqueda de objeto en la vida adulta, en que este es requerido por su función de significante de transformación (*signifier of transformation*)".[320] ¿A qué se refiere por significante de transformación? Antes de la *re*-presentación del otro, existe su percepción, esto es, su presentación como **Das Ding** (cosa del mundo). A través de esta presentación y su propia transformación dentro de un desencuentro entre objetos (objeto-objetivo/objeto-subjetivo) surge la mínima diferencia: la modificación del objeto de positivo a positivo. En el caso que relata Bollas, su paciente carece de las cualidades de una representación propia de sí: "Hay en [su paciente] una ausencia notable de todo tipo de sentimiento de sí, no aparece la cualidad de un 'yo' (*I*), y ni siquiera un 'a mí' (*me*). Al contrario: en un plano existencial, su representación de sí presenta más bien la índole de un 'eso' (*it*)".[321] En este caso, es notable la existencia de restos del eclipse, indiferenciación entre un yo (*I* o *me*) y eso (*it*), evanescencia del sujeto por su proximidad con el objeto. Además de la fusión entre el sujeto y el objeto, también encontramos —por encima de todo— que no hay diferencia entre el objeto y el objeto mismo: su singularidad queda fijada como un pronombre demostrativo neutro (eso/*it*). En corto: no hay una mínima diferencia, por ende, no hay transformación.

De acuerdo a Bollas, el objeto transformador es la experiencia que altera el decurso del mundo interno y externo del sujeto. ¿Qué acaso Kojève no expresó que "el deseo es lo que transforma al ser"? En este sentido, el objeto transformador que se busca en la vida adulta, por

---

[320] *Idem.*
[321] *Ibid.*, p. 20. (pp. 36-37).

ejemplo, durante una entrevista inicial con el psicoanalista, es una posible (mínima) diferencia, algo que modifique la noción de la mismidad por una variación en el discurso. Así entendemos que la importancia del objeto transformacional es sobre todo un proceso, una fuente desde donde se emana una diferencia dentro de la consulta psicoanalítica: el uno se divide en dos al estar atravesado por un intervalo. Laura buscaba el retorno al uno con una esperanza de encontrar en el espacio analítico un límite —una contra-fuerza— al empuje que la dirigía hacia su destino: quedar eclipsada. Quizá en este sentido su celosía, su control de la figura del analista, sus deseos por ser "la única paciente", se podrían entender más como un intento suyo por revitalizar la presencia de un tercero en su vida interna.

Regresemos, entonces, al problema expuesto del mediodía. En *Así habló Zaratustra*, Nietzsche dedica su septuagésimo aforismo al mediodía (***Mittag***). Luego de despertar de un largo y profundo sueño, alrededor del mediodía, el sabio persa queda atrapado por la incandescencia de los rayos solares que bañan sobre de él. A lo que dice: "¿Cuándo vas a beber esta gota de rocío que cayó sobre todas las cosas de la tierra, cuándo vas a beber esta extraña alma — cuándo, ¡pozo de la eternidad!, ¡sereno y horrible abismo del mediodía!, cuándo vas a beber, reincorporándola así a ti, mi alma?".[322] No es fortuito que el aforismo que reza justamente anterior a éste sea titulado "La sombra", ya que después de la "persecución" de la sombra al sabio, viene la pausa del mediodía, el descanso: la sombra ha acortado la distancia. Pues bien, ¿qué relación tienen, entonces, el mediodía y las sombras? En primera instancia, uno diría que ninguna, ya que —como hemos visto— el mediodía es aquel momento de la jornada en donde todas las umbrías se acortan (o desaparecen) debido a la posición vertical del sol. No obstante, siempre habrá una partícula diferencial. A partir del espacio que se abre entre un objeto y el mismo objeto, es decir, la mínima diferencia (i.e. el blanco sobre el blanco, que no son equiva-

---

[322] Friedrich Nietzsche, *Thus spake Zarathustra*. Hertfordshire, Inglaterra, Wordsworth, 1997, p. 268.

lentes, en la pintura de Malevich), es que podemos entrever a lo que Nietzsche se refiere como una negatividad comprendida no como un vacío sino como una diferencia en sí, inconmensurabilidad de los objetos (aunque se detalle sobre el mismo objeto). Si bien es cierto que el mediodía es el momento mesiánico para Benjamin, tiempo en donde toda dialéctica se detiene, la figura que aparece cuando cae el rocío de los rayos solares sobre las cosas iluminadas y que simultáneamente hace aparecer sombras casi imperceptibles, es también el instante del día cuando acontece la sombra más corta (*the shortest shadow*). (En un sentido lúdico, podemos afirmar que el eclipse sería el encuentro con la sombra más extensa [*the enduring shadow*].) Por lo tanto, la sombra más corta *es* la mínima diferencia: ese desasimiento procesal del eclipse, un espacio residual donde la emergencia de los objetos rotatorios restan como efecto del orden simbólico, pero no necesariamente ante la luminosidad del mediodía, sino a través de su distanciamiento, pues recordemos que la luz en demasía, así como el eclipse, enceguece, incluso lleva a la locura.[323] ¿Qué no fueron los rayos del sol los que le comunicaban a Schreber los mensajes divinos?

Por lo tanto, especifiquemos, ¿por qué es tan importante el objeto, sobre todo, *en* transferencia? Ahí está nuestra apuesta, nuestro verdadero desafío en transformar una repetición en algo inédito. Además de ser propulsor de la pulsión, el objeto solo surge tras una pérdida, espacio negativo por excelencia. Para Bollas, "transformación no significa gratificación",[324] por lo que este trabajo implica una renuncia, paradójicamente del mismo objeto. Asimismo, en su libro *Más allá del bien y del mal*, Nietzsche menciona una diferencia inmanente, alternativa que afirma la figura del dos, misma que se postula en el mediodía. Este dos no es el engaño del "dos en uno" o el dos de la simbiosis, sino más bien es el soporte necesario para que la tensión de la mínima diferencia permanezca: sin dos no hay relación. Así lo relata Nietzsche

---

[323] "Lo peor era la brusca, la horrorosa crueldad de la luz; no podía ni mirar ni dejar de mirar; ver era lo espantoso, y parar de ver me desgarraba desde la frente a la garganta". Maurice Blanchot, *El instante de mi muerte / La locura de la luz*. Madrid, Tecnos, 2004, p. 45.
[324] C. Bollas, *op. cit.*, p. 29. (p. 47).

en su poema "Desde altas montañas": "*Mittag war's, da wurde Eins zu Zwei*" ("Fue hacia el mediodía cuando uno se convirtió en dos...").[325] Recordemos que esta diferencia parte de una negación primordial, un reencuentro donde se debe acceder a la doble afirmación que funge como inicio de la vida, es decir, la promesa del origen parte de una negación. Por lo tanto, afirmar la vida es primeramente negarla: la doble afirmación implica una lucha constante por mantener la vitalidad de la finitud, misma que no siempre perdura hasta el final del camino. Así es que entendemos que el objeto *en* transferencia es provocador y vestigio simultáneo de esta prolongación: sin dos no hay vida. Curiosamente, una de las sesiones de Laura era al mediodía.

Después de cerca de un año de trabajo, Laura abandonó su tratamiento psicoanalítico. Conservó la cortesía de avisarme a tiempo. Un par de semanas después supe que se casó. A lo lejos me imagino que sonríe.א

---

[325] F. Nietzsche, *Beyond Good and Evil.* Oxford, Oxford University Press, 1998, p. 180. (*Más allá del bien y del mal.* Madrid, Alianza, 1972, p. 316).

Impreso por TREINTADIEZ S. A. en 2020
Pringles 521 (C1183 AEI)
Ciudad Autónoma de Buenos Aires
Teléfonos (011) 4862-6794 / (011) 4864-3297
editorial@treintadiez.com